高校辅导员工作与大学生成长发展研究

韩　垚◎著

中国原子能出版社

图书在版编目（CIP）数据

高校辅导员工作与大学生成长发展研究 / 韩垚著
. -- 北京 : 中国原子能出版社，2022.8
ISBN 978-7-5221-2076-8

Ⅰ. ①高… Ⅱ. ①韩… Ⅲ. ①高等学校－辅导员－工作－研究②大学生－人才成长－研究 Ⅳ. ① G645.1
② G645.5

中国版本图书馆 CIP 数据核字 (2022) 第 154659 号

高校辅导员工作与大学生成长发展研究

出版发行 中国原子能出版社（北京市海淀区阜成路 43 号 100048）

责任编辑 杨晓宇 王 蕾

责任印制 赵 明

印　　刷 北京天恒嘉业印刷有限公司

经　　销 全国新华书店

开　　本 787 ㎜×1092 ㎜ 1/16

印　　张 12

字　　数 209 千字

版　　次 2022 年 8 月第 1 版 2022 年 8 月第 1 次印刷

书　　号 ISBN 978-7-5221-2076-8 **定　价** 72.00 元

作者简介

韩垚 女，1982 年 8 月出生，山西省繁峙县人，毕业于南开大学，硕士，现任山西农业大学讲师。研究方向：大学生思想政治教育。作为第一指导教师指导大学生参加“山西省互联网＋创新创业大赛”获省级金奖，发表论文 8 篇。

前　言

大学院校的辅导员是大学生思想政治教育的中坚砥柱，也是大学生身心健康的指引者，更是大学生思维、政治教育、学习和生活的良师。辅导员群体的整体素质对大学生思想政治教育的效果和学生培养的水平起着关键性的作用。由于国内外形势以及大学生本身的情况出现了新的发展和变化，辅导员的工作也需要面对各种新出现的情况、问题以及挑战。怎么建设高校辅导员队伍呢？我们必须跟关注业务学术骨干的选拔培养一样关注高校辅导员的选拔和培养，对辅导员成长的重视程度也要跟业务教学骨干成长一样。目前我国高校辅导员队伍的数量已经足够，那么接下来的工作重点就是培训、培养。只要这项工作做得好，就能增强高校辅导员队伍的职业化发展与专业化培养，全面提高辅导员的综合素质和工作水平。

本书由六个章节组成，第一章为高校辅导员工作定位，从高校辅导员的概念界定、高校辅导员的岗位职责、高校辅导员的核心素质三个方面深入浅出地论述了高校辅导员在高校中的位置与主要工作。第二章为高校辅导员工作方法，概述了高校辅导员的工作，简述了高校辅导员的工作方法，阐述了高校辅导员教育工作的演变，说明了高校辅导员工作方法的实施与创新。第三章是大学生特点分析，从大学生的心理特点、大学生的思维特点与大学生的行为特点三个方面分别分析了人们在大学生这个年龄阶段所共同具备的心理、思维与行为特性。第四章是辅导员工作加强大学生思政教育，主要有高校思想政治教育概述、高校思想政治教育主要内容和辅导员加强学生思政教育的方法三节内容，结合我国国情与高校思政教育的大环境分析了辅导员应如何更好地加强学生的思想政治教育工作。第五章辅导员工作维护大学生心理健康，首先叙述了高校心理健康教育，其次分析了高校中常见的大学生心理问题，最后，为辅导员维护学生心理健康提供了路径。

本书最后一章为辅导员工作推进大学生素质全面发展，研究了大学生综合素质发展理论，以及影响大学生素质的因素，提出了辅导员推进学生素质全面发展的措施。

在撰写本书的过程中，作者得到了许多专家学者的帮助和指导，参考了大量的学术文献，在此表示真诚的感谢。本书内容系统全面，论述条理清晰、深入浅出，但由于作者水平有限，书中难免会有疏漏之处，恳请同行专家和读者朋友批评指正！

作者

2022 年 4 月

目 录

第一章　高校辅导员工作定位

本章为高校辅导员工作定位，第一节为辅导员的概念界定，第二节为高校辅导员的岗位职责，第三节为高校辅导员的核心素质，上述三节内容由浅入深，一目了然，旨在为大家剖析存在于各高校中的辅导员这一重要角色。

第一节　高校辅导员的概念界定

一、辅导员的概念

"辅导员"这一身份概念是特定历史阶段的产物，它在我国的演变过程为"政治辅导员"—"辅导员"。《中国大百科全书·教育》中对"政治辅导员"的定义是："中国高等学校的基层政治工作干部，基本任务是对学生进行思想政治教育，做好学生的思想政治工作。"[①]《教育大辞典》中对其的定义为："中国高等学校从事学生思想政治工作的人员，基本任务是在系（科）中的共产党组织和行政组织的领导下，根据培养目标和学生思想发展变化的基本规律，组织、协调各方面的力量，共同对学生进行思想政治教育。"[②]现在，我国的学者主要是根据其工作的内容来解释"辅导员"这一身份的。例如，宁先圣认为："高校学生思想政治工作辅导员（通常简称为辅导员）担负着学生的思想政治教育、日常生活及行为管理、社团活动指导、心理健康教育、求职择业指导等工作，学校中一切和学生有关的事情几乎都要由辅导员来协调、参与或直接负责。"[③]

学生业务的范围随着高等教育的前进在不断地扩大，"政治辅导员"已经无法再定义高校中的学生辅导员。1995 年 11 月颁布的《中国普通高等学校德育大

① 中国大百科全书编委会 . 中国大百科全书·教育 [M]. 北京：中国大百科全书出版社，1985.

② 顾明远 . 教育大辞典 [M] 上海：上海教育出版社，1997.

③ 宁先圣 . 与时俱进强化高校辅导员工作 [J]. 辽宁教育研究，2003:（7）.

纲（试行）》中已经对“辅导员”这一身份概念进行了初步的定义。① 而这一身份概念最正规、严谨、完整的定义是在两个文件里被提出的：第一，2004 年 10 月 14 日中共中央国务院下发的“16 号文件”确定了辅导员和班主任队伍在高等教育中的地位，并强调了高校学生思想政治教育的重要地位和实施策略，同时变“政治辅导员”为“辅导员”；第二，是 2005 年 1 月教育部补充出台的前一文件的配套实施文件——《关于加强高等学校辅导员、班主任队伍建设的意见》，其中是这样阐述的：“辅导员、班主任是高等学校教师队伍的重要组成部分，是高等学校从事德育工作、开展大学生思想政治教育的骨干力量，是大学生健康成长的指导者和领路人。”

二、辅导员制度

《辞海》中是这样解释“制度”的：①必须由团体成员共同遵循、办事程序化的章程或行为守则。例如，工作制度、学习制度。②特定的历史背景中出现的政治、经济、文化等各领域的系统。例如：社会主义制度、资本主义制度。③旧指政治上的规模法度。②

无须专门概括，我们只要有条理地梳理我国辅导员制度的历史沿袭，就可以将它的内涵看得清清楚楚。通常我们把 1952 年出台的《关于在高等学校试行政治工作制度的指示》作为我国高校辅导员制度的官方开端，那时候的“政治辅导员”体现了显著的政治色彩。清华大学在 1953 年正式开始推行这一制度，当时的校长蒋南翔选拔高年级品学兼优的学生通过“半脱产”的方式来进行思想政治工作，这种新的形式代表着高校辅导员制度在我国一经施行便存在着创新的色彩，也代表我国兼职辅导员的开端。于 1961 年出台的《直属高等学校暂行工作条例》中，明确了高校各专业配备的辅导员由兼职走向专职的变化；另外，1964 年中央批复的教育部的《关于加强高等学校政治工作和建设政治工作机构试点问题的报告》中具体地指出高校辅导员与学生的比例是每 100 名学生配备 1 名政治工作干部；1965 年出台的法规——《关于政治辅导员工作条例》中详细地划分了政治辅导员的地位、作用、职责等，辅导员制度基本确立。但是，由于辅导员制度在之

① 何东昌．中华人民共和国重要教育文献（1991—1997）[M]. 海口：海南出版社，1998.
② 夏征农．辞海 [M]. 上海：上海辞书出版社，1999.

后的“文化大革命”中被破坏曲解，因此整个群体工作的声誉都被影响了。

高考制度一恢复，就代表着高校辅导员制度也被逐渐恢复了，其标志是1978年出台的《全国普通高等学校暂行工作条例》。这款条例中确切地标示了建立一支新的学生思想政治工作队伍的要求。高校在1987年第一次把辅导员纳入学校教师队伍，国家教委出台的《关于高等学校学生思想政治工作专职人员中聘任教师职务的实施意见》明确表明:“思想政治教育是一门科学，思想政治教育是学校教育的重要组成部分。”高校的管理问题也在1999年的扩大招生后越来越明显。中共中央国务院出台了“16号文件”来满足这些新环境、新目标的要求，这份文件中肯定了辅导员、班主任队伍在高校教育工作的重要地位。“政治辅导员”到“辅导员”的转变体现了辅导员角色定位的转换。为落实该文件，教育部在2005年1月出台的《关于加强高等学校辅导员、班主任队伍建设的意见》中提出了辅导员选聘、培养训练及发展等专业发展方面的政策。2006年5月，教育部出台《普通高等学校辅导员队伍建设规定》，又具体规定并实施了《2006—2010年普通高等学校辅导员培训计划》。[①] 这些政策既规定了辅导员的角色定位、发展方向、工作性质和培养、落实措施，又以制度的形式保障了高校辅导员制度的发展，更代表着高校辅导员队伍专业化发展的问题渐渐被拔高到一个至关重要的位置。

第二节　高校辅导员的岗位职责

在大学生的教育管理工作中，辅导员的工作面十分广，内容涵盖了与学生有关的各项工作，包括思想政治教育、日常事务管理、学生的学习成长培养、心理咨询、安全教育、就业指导等，辅导员工作定位的明确有助于辅导员在大学生思想政治教育中发挥更好的作用，有助于高校中全员育人局面的形成，有助于在组织层面上保证大学生思想政治教育的加强。

大学生思想政治教育的骨干力量就是辅导员和班主任，其中辅导员要根据党委的部署带领、组织学生开展教育活动，充分利用学生的内在积极性，调动他们的内在潜力，指引他们健康地成长与成才；还要积极地为学生的学习和生活服务，解答和指导学生在学习和生活中出现的问题，并为其提供必要的便利条件。另外，

① 李鹏.我国高校辅导员制度的历史、现状和未来[J].教育探索.2010,（3）.

在工作方式上，辅导员要充分发挥学生的自主作用，注意利用学生党支部、班委会、团支部等基层学生组织的政治、组织优势，充分地激发每一位学生干部和学生的积极性、主动性。辅导员不仅是教育者，也是受教育者，所以要维持好和学生之间的关系，并发挥教育过程中的组织、协调和指导作用，更必须使学生成为教育的主体。

明晰岗位职责是做好辅导员工作的基本前提。各高校可依据高校辅导员职业能力标准的要求，结合自身实际，对辅导员的岗位职责进行一定的明确和划分，让其他岗位的同事也清楚哪些是辅导员必须干的、哪些是辅导员配合起来干的、哪些是辅导员帮忙干的。要让大家知道，并不是所有与学生教育管理相关的事情都是辅导员应该干的。

一、高校辅导员岗位职责的有关规定

① 协助高校大学生养成正确的三观，并树立在中国共产党领导下走中国特色社会主义道路、实现中华民族伟大复兴的中国梦的共同理想和坚定信念。辅导员还要积极地引领学生不停追求更高的目标，让所有学生都能够树立建设共产主义的远大理想，坚定马克思主义的科学理念。

对于学生关心的热点、焦点问题，辅导员要及时进行教育和引导，化解矛盾冲突，参与处理有关突发事件，维护好校园安全和稳定。

② 落实好对经济困难学生资助的有关工作，组织好高校学生勤工助学，积极帮助经济困难的学生完成学业。

③ 高校辅导员还要积极开展就业指导和服务工作，为学生提供高效优质的就业指导和信息服务，帮助学生树立正确的就业观念。

④ 以班级为基础，以学生为主体，发挥学生班集体在大学生思想政治教育中的组织力量。

⑤ 组织、协调班主任、思想政治理论课教师和组织委员等工作骨干共同做好日常的思想政治工作，对学生开展各种各样的教育活动。

⑥ 为学生党支部和班委会建设提出建议，培养学生业务骨干，调动学生的积极性、上进心。

二、高校辅导员岗位职责的具体范畴

（一）思想引导

把住思想引导的航线，要求辅导员在日常对学生进行思想教育的时候可以紧紧地掌握正确的舆论导向，运用最新、最有效的思想政治教育内容，及时开展相关的思想政治教育活动，把党的声音润物细无声地传递给每一位学生，把住思想引导的航线不偏移。

1. 思想引导的目标

大学生是民族的希望、祖国的未来，更是十分宝贵的人才资源。重视和发展大学生的思想政治教育有助于培养他们的思想政治素质，让他们能够成为中国特色社会主义事业的建设者和接班人，促进科教兴国和人才强国战略的全面落实，维持并提高我国在激烈的国际竞争中的地位，对保证全面小康社会、社会主义现代化目标的实现，保证中国特色社会主义事业的蓬勃发展、人才储备具有重大而长久的战略意义。

2. 思想引导的内容

中共中央、国务院在《关于进一步加强和改进大学生思想政治教育的意见》中指出，要以理想信念教育为核心加强和改进大学生思想政治教育，深入加强正确的世界观、人生观和价值观教育；还要深入进行以爱国主义教育为重点的民族精神的弘扬和培育；要深入培养以基本道德规范为基础的公民道德教育和以大学生全面发展为目标的素质教育；还要与时俱进，坚持以人为本，尽力增强思想政治教育的针对性、效能性以及吸引力、影响力。

（1）理想信念教育

理想信念是青年学子奋进的基石，是努力成才、报效祖国的真正动力和源泉。理想信念教育的内容可分为两个层次：其一是中国特色社会主义共同理想信念；其二是共产主义的远大理想信念。辅导员开展入学教育时，必须对学生进行理想信念教育活动，协助他们树立正确的价值观念以及科学的成才观、事业观和幸福观，协助学生提高自身的科学文化素养、培养良好的思想道德品质，持续增强学生的时代感和责任感，让他们认识到自己作为祖国未来事业发展的建设者和接班人的使命，意识到自身建功立业的发展需求，帮助学生建立全面学习、主动学习和创造性学习的意识和思维模式，拥有全面的知识、素质和能力，激发学生为实现理想而努力奋斗的内在动力。

当代大学生的理想信念趋于务实，价值观务实进取，社会责任感和历史使命感较强，并呈现出个性化和多样化的特征，高校辅导员要针对这些特点，在提高自身理论水平与文化修养的基础上，因地制宜，贴近学生、贴近实际、贴近生活，通过开展大学生普遍能接受的活动来开展社会主义核心价值观的教育，指引大学生树立积极向上的价值观念，培养社会主义核心价值体系，确立中国特色社会主义的共同理想，引导大学生正确认识社会发展规律，将个人的发展与国家的发展结合起来，将个人的命运和国家的命运结合起来。

（2）爱国主义教育

当代大学生视野开阔、思维活跃、关心时事与社会热点问题，对政治问题的分析更趋冷静和理性化，但有些学生对深层次的重大理论问题仍然比较模糊，高校辅导员要针对这些特点，因材施教，引导大学生在了解国家历史和现状的基础上深化认识，进行民族精神教育，引导大学生正确认识中国和西方的差异，正确认识中国现阶段的国情和中国特色社会主义的优越性，增强大学生的文化归属感和政治归属感，引导大学生树立报效祖国的远大志向，求真务实，知行相济，德才兼修，掌握建设祖国的本领。

（3）公民道德教育

在价值多元化、社会信息化时代，为公民素质的提高开辟了一个新的阶段，同时也带来了新的内涵和更高的追求。在过去，道德建设更多地关注教育、纪律和习俗。自从党的十八大以来，公民道德教育的内容涵盖了现代政治制度、法律制度和道德素质等多个层面。

（4）素质教育

《国家中长期教育改革和发展规划纲要（2011—2020年）》要求“培养德、智、体、美全面发展，知识、能力、素质相协调的‘应用型’高级专门人才的人才培养目标，使学生具有坚定的理想信念和高尚的道德品质，良好的人文修养和健康的身心素质，扎实的专业功底和较高的外语、计算机应用水平，强烈的创新意识和较强的实践能力”，明确指出大学生素质教育应当包括以下四个部分的内容。

① 政治思想素养。政治素养指的是对党的路线、方针、政策的根本立场和看

法，参政议政的积极性以及对祖国、人民抱有的情感。思想素养是指通过正确世界观、人生观、价值观的养成使每个人所具有的思想意识与思考方式都起到积极的作用；使受教育者自主地把人类漫长历史中积累的审美、道德、劳动、科学文化成果转变为自身的素养，由此实现个体素质全面而协调的发展。

② 文化素养。文化素养有科学精神和人文精神两个角度。高等教育科学精神的培养就是向受教育者传授科学技术知识，培养他们的科学思维能力，训练他们的创新能力，以此满足其自身可持续发展，满足现代化社会生活及科技工作适应的需要，为其未来的成长发展奠定牢固的基础。人文精神指的是一种存在于个体内心深处的人格和精神气质，它被人文科学和高雅文化熏陶过。高校指导员是学生的指引者，他言行举止的潜移默化作用是在学生的亲身体验及活动锻炼中养成并体现的，它不仅反映了人格气质和精神品质，同时体现了受教育者情感的升华和心灵的净化。人文教育不只是要传授有关人文方面的相关知识给受教育者，还要培养受教育者的人文素养，就是凭借传授人类积累的精神财富给学生，以便于受教育者可以做到将世事了然于胸，达到净化灵魂、理解人生的最终目的和意义，并承担起应该承担的对社会民族的责任和义务，勇于为社会奉献自我。

③ 业务素质。业务素质是指学生在系统地掌握专业知识的基础上所具有的知识结构，即认知、分析和解决实际问题的能力，参与生产、设计、科研、组织管理以及创新的能力，和在实际工作中运用外语和计算机的能力等。

④ 身心素质。身体素质是指学生的体格和机能，是学生成长成才的基础。加强大学生身体素质教育是高校素质教育不可或缺的重要内容：一方面，教育者应当利用各种可能的条件来锻炼大学生的身体，增强大学生的体能；另一方面，也要培育大学生的健康教育理念，以此来保证大学生的健康成长。心理素质指的是人自尊、情感、意志、自警、自知、自信的能力和心理素质，它包括智力和非智力两方面的因素。从大学生的心理状态和行为表现来看，要把非智力因素的培养当作大学生素质教育的一个重要方面来对待。从根本上说，就是要形成并且保持良好的心理，发展学生自身的个性，让学生能够自主地发展。

怎样与他人相处是学生素养最集中的表现，也是大学生素养教育的最首要的环节。教育工作者想要推行素质教育就必须充分创造和利用一切有利条件，发挥积极方面，克服消极方面，以此使受教育者能自主地把人类积淀的关于审美、道德、劳动、科学、文化的果实变成能为自己所用的素养，这样才能使大学生的素养发展得更加全面、和谐。

3. 思想引导的步骤

辅导员经过长期有目的、有计划、有组织、有步骤地实施与引导，把社会主义要求的思想观念，包括政治观念、思想方法、道德规范等等逐渐转变为大学生个体的思想品德的流程就叫思想引导。它的主要环节包括：制订具体目标，确定工作计划；实施工作影响，完成思想转变、信息回访与结果评估。要想实现思想引导，就必须坚持结合教书与育人、教育与自我教育、政治理论教育与社会实践、思想问题的解决与实际问题的解决、教育与管理，继承优良传统与改进创新。

（二）发展辅导

1. 全面发展

全面发展指的是让高校培养的大学生能够在德、智、体、美等多个方面全面发展。《国家中长期教育改革和发展规划纲要（2010—2020 年）》提到，要“全面贯彻党的教育方针，坚持教育为社会主义现代化建设服务，为人民服务，与生产劳动和社会实践相结合，培养德智体美全面发展的社会主义建设者和接班人”。辅导员需要通过对党的方针政策的全面理解和贯彻来积极引导和教育学生，让大学生形成热爱党、热爱社会主义祖国、热爱各族人民的真挚感情，逐步培养学生中国特色社会主义的理想信念和正确的三观。要坚持以改革创新为动力，遵循教育规律、教学规律和人才成长规律，贴近学生学习和生活实际，不断创新工作方法，发掘每一名学生的潜力，培养学生综合素质，实现大学生全面的成长成才。还要有课堂育人的目标，通过体验教育来精心设计和组织开展主题独特、内容有趣、形式吸引力较强的教育活动，使学生意识到自身的社会责任感。

2. 个性发展

个性发展是指大学生在需求、生活习惯、性格、能力、兴趣和价值观念等方面形成的稳定的心理特征。辅导员应该按照“保持个性，彰显本色”的要求，重视每个学生的个性发展，并且使大学生的个性特长得到充分发展。从尊重、保护、发展学生个性的角度来说，要承认个性差异，区别对待，充分支持学生优势潜能的开发。发展学生的兴趣专长，特别是对一些有特殊才能和专长的大学生，更应创造条件，搭建舞台和平台，使其特长能够充分发展。从如何保持个性、彰显本色来说，辅导员要引导大学生处理好两方面关系：一是正确处理全面发展与个性发展的关系。支持学生的个性发展，不能放弃对大学生全面发展的引领，而一味让学生盲目追求个性发展，忽视个性完善，放任个性的需求，甚至触犯道德的底线和法律的规范。二是要正确处理个人、集体与社会的关系。要引导大学生学会与人相处，遵守集体规则和校园制度，学会在良好的校园人际氛围中和朋辈文化的熏陶下彰显个性。

3. 可持续发展

可持续发展，是指大学生在大学阶段把不断完善、和谐个体素质的作为自身发展的目标。辅导员要以职业生涯规划与发展为切入点，指引大学生养成可持续发展的理念，帮助大学生规划科学合理的人生路径。辅导员还要充分发挥以大学生可持续发展的能力为重点培养目标的第二课堂的功能，增强大学生实践、创新和适应社会的能力。最后要使大学生养成健康心理和健全人格，坚持完善挫折教育和心理健康教育，使大学生的意志更加坚强、精神更加坚韧。

（三）生活指导

1. 权益与安全

（1）大学生权益类型与维护办法

权益指的是法定的利益，它包括权利和人们通过行使权利而带来的利益。大学生的权益指的是他们应享有的接受高等教育过程中的权利，总结起来主要包括这几个层面：第一，使用权。它指的是大学生能够充分、合理地使用学校的教育教学设施、实验室设备与图书馆书刊资料等。第二，知情权。它是说大学生有权利全面了解、认识学校的各种规章制度、发展状况以及本专业的发展前景、师资队伍水平、课程设置及经费投入等基本的情况。第三，选择权。它指的是大学生能够根据学校招生和教育教学管理的有关规定自主选择专业、课程等。第四，监督权。它指的是大学生有权利监督本校教师的教学水平、教学态度及课堂教学质量以及学校教学的经费投入等情况。第五，奖贷权。它指的是大学生可以根据国家有关规定获得奖学金、助学贷款或助学金，等等。第六，就业权。它指的是指大学生可以在思想品德合格的前提下，在学校规定的修业年限内学完规定的课程且成绩合格或者将相应的学分修满后毕业并就业。第七，申诉权。它指的是大学生能够在学校给予处分时，或被学校教职员工侵犯人身权、财产权等合法权益的时候向学校或者教育行政部门依法提出申诉或诉讼。

引导大学生树立正确的权益观，辅导员应注意把握如下方面：一是引导大学生认识到享有权益与承担义务的一致性；二是引导大学生认识到权益的实现要受社会和高校自身现实条件的制约与限制；三是在不同主体权益冲突的情况下，引导大学生认识权益实现的相对有限性。对于大学生合法权益的维护，可以从事前预防、事中干预和事后救济等环节入手，通过各种方式，构建一个完整的维权体系。

（2）大学生的安全防范问题

辅导员要对大学生开展安全防范教育和培训，凭此增强其社会安全与责任感，让他们养成牢固的“珍爱生命，安全第一，遵纪守法，和谐共处”意识，学会必备的安全行为与自救自护的知识和能力；还要通过培训和传授相关的法律法规常识使大学生具备正确应对日常生活中突发安全事故的能力，以便于尽量避免安全事故的发生，减轻大学生在安全事故中所受到的伤害；也要通过日常活动持续关注学生的心理状态，协助学生解决在各种情况下可能出现的心理障碍，保证学生健康、全面、可持续发展。

加强大学生安全教育，守住安全稳定的底线，要求辅导员在平时的工作中高度关注重点群体（经济困难、心理困难、就业困难、情感困难等学生），及时开展生活、生存、生命教育，教导学生学会并掌握危机干预处理的方式方法，确保学生安全稳定的底线，将安全隐患消除在萌芽状态。辅导员应把握学生认知特点，注重实践性、实用性和实效性，要从加强治安形势与安全常识教育、法律知识与遵纪守法教育、安全防范与自我救助教育等方面开展安全教育活动，把安全教育理论的内容纳入高校素质教育。还要坚持将专门课程与其他学科教学、课堂教育与实践活动、知识教育与强化管理和培养习惯、学校教育与家庭教育和社会教育，自救自护与力所能及地帮助他人相结合，做到由浅入深、循序渐进，帮助学生不断强化、养成安全习惯。

2. 消费与理财

影响大学生成长成才的重要因素之一就是能否树立正确的消费与理财观念。

那么辅导员需要关注的问题就是通过把握大学生的消费取向、消费及理财观念来引导大学生进行合理消费，并在此过程中向学生普及相关的理财知识。

（1）理智消费

市场经济的发展和社会生活环境的变化深刻地影响了大学生的消费观、消费心理和消费行为。大学生消费的主流观念总体上是适当的、科学的和理智的。然而，目前也存在以炫耀性消费、超前性消费、攀比性消费、情感性消费等现象为代表的，非理性、不健康的消费心理和消费观。所以，辅导员应该主动发挥其引导作用，积极关注大学生的消费心理与消费观念，指导他们养成科学的消费观念和行为。第一，要利用各种方式培养大学生正确的消费观，帮助大学生安排合理的消费结构，逐步进行以节约为原则的生活性消费和以需要为原则的发展性消费；第二，要增强大学生消费心理的教育，让大学生保持健康、适当、平和的消费心理；第三，要加大引导大学生的消费行为，要着重帮助大学生规划好合理的、切合自身实际的消费观念，不超前更不能超负荷；第四，要着重维护学生的消费权益，增强大学生的维权意识，在日常生活中帮助消费权益受侵害的大学生。

（2）恰当理财

辅导员要利用好各种方式引导并协助大学生养成正确的理财理念；还要最大限度地利用学校中的学生社团来举办以投资、消费、理财为主要内容的教育活动和实践操练，通过这种方式让大学生理解一般的投资方式（如银行存款、债券投资、保险投资、实业投资等）及其他金融方面的知识，不断地增强大学生的理财水平和能力；还可以建议大学生利用勤工俭学等方式增加收入，这样不仅能减轻家庭的经济压力，而且可以让大学生的理财实践更加丰富。

3. 独立与社交

（1）引导学生学会独立

当大学生结束大学生活走向社会，社会就不会再把其当成一个学生或者不成熟的青年来看待，而是把其视为一个有独立思想和行为的成熟个体，并要求其能够承担起社会赋予的责任。同时，大学生也会意识到，真正走向社会，就意味着失去了师长的庇护，因而往往会感到惶恐。不少大学生在走向社会的过程中，出现了各种各样的不适应，其中，有很多是与独立性不足有关的。因此，在大学期间，如何有意识地培养学生的独立意识，帮助大学生形成自尊、自信且有责任感的独立个性，已逐渐成为广大辅导员共同关注的焦点。

辅导员要对不同的学生进行个性化的教育与引导。对独立性差的大学生，辅导员应该多为他们创造良好的实践环境，使他们在与教师、同学的交往中逐步体会受到尊重的感受，从而树立自尊、自信。对个性太强的学生，辅导员应该帮助他们形成正确的自我评价标准，根据学生特点设计合理的问题情境，促使学生主动思考如何正确对待他人的评价，对自我进行客观定位。辅导员要努力创设多样化的途径和载体，提高大学生的自我认识水平。在教育过程中，辅导员应千方百计地创设情境，使大学生得到锻炼，帮助他们深化自我认识，形成自信、自尊的优良品质。要通过社团活动等载体增强学生的独立意识，使他们学会自我管理，学会与他人相处，从而促进其自我意识的发展，自我管理、自我服务能力的提高和独立性的发展。

（2）增强人际交往能力

大学生在大学阶段的人际交往网络系统包含了与同学、教师、老乡、室友、个人与班级和学校，等等之间错综复杂的社会交往。

大学阶段，大学生的心理趋于成熟。他们在这一阶段的思想更加活跃、精力更加充沛、兴趣更加广泛，所以他们人际交往的需求更不容易被满足。他们渴望通过人际交往来增加对这个世界的认知，渴望与他人建立友谊，以此获得自身物质上和精神上的满足。所以，大学生非常迫切地期待有人能够接纳、理解自己。辅导员要在日常工作中潜移默化地引导大学生理解社会中的差异和各种错误的认识，为学生厘清与人交往中的某些基础的原则，还要利用各种各样不同的渠道和方法来协助他们培养良好的形象与交往品质，提高他们自身的魅力。辅导员要举行针对大学生的集体培训，以此来提高他们的交际技巧和艺术，让大学生在与他人的友好相处中营造个人自身成长的良好氛围和环境。

（四）组织管理

1. 学习管理

学习管理指的是对于刚进入大学校门的大一学生，辅导员需要帮助他们更快地适应新的学习环境、找到新的学习方法、树立新的学习目标。针对这个问题，辅导员应从以下几个方面着手。

（1）适应学习

在大一新生刚进入学校时，辅导员就应该引导大学生把学习作为他们大学期间最重要的任务。对此可从以下方面做准备，首先辅导员应该帮助大一新生熟悉大学的学习环境和氛围，让他们尽快适应新的学习方式，制订新的学习计划；然后，辅导员要帮助他们尽快找到适合自己的学习方法，提高学习效率，树立更大更远的学习目标。

（2）指导选课

对于那些刚刚进入大学的大学生来说，他们在面对选修课时也许会手足无措，不知道如何选择，这个时候辅导员就发挥了极大的作用。首先，辅导员要让每位大一新生根据自己的学习目标先圈出自己应该选择的课，然后再根据自己的兴趣爱好在这些课程中进行筛选，这样就能够保证学生选出来的课既是自己喜欢的又是学习任务所必需的。

（3）制订人生规划

大学生的人生规划就是为了实现人生的目标而制订的计划。目标的实现与大学生在学校期间所修的课程、所制订的学习目标以及自己的兴趣爱好、性格等有着紧密的关系。因此，辅导员在帮助大学生制订他们的人生规划时，一定要根据他们专业课的学习情况、人生的目标及对自身的认识来制订属于他们个人的人生规划。

另外，辅导员也承担了一部分的教学任务，因此还应具备教师的基本职能。《普通高等学校辅导员队伍建设规定》中明确指出："辅导员是高等学校教师队伍和管理队伍的重要组成部分，具有教师和干部的双重身份。"① 但因为辅导员的大部分时间都在进行学生的教育与管理服务，因此辅导员不应该承担过多的教学工作量，每周上 2~4 学时就可以。辅导员可以为学生开展思想政治理论课、大学生就业指导或相关专业课，思想政治教育活动课程包括党课、团课、心理咨询、形势政策教育和新生入学教育等。

2. 日常事务管理

辅导员一方面要协助学校处理好校内一切相关的大小事务，另一方面还要处理好自身所在班级的学生档案、宿舍、健康等日常事务。虽然他们的工作十分忙

① 教育部：普通高等学校辅导员队伍建设规定 .2017 年 10 月 1 日 .

碌，但是也不能放松大学生的日常管理。接下来具体介绍大学生日常方面的管理，主要包含班级干部的管理和奖学金、助学贷款的管理这两个部分。

（1）管理班干部

班干部的作用是协助辅导员管理班级以及组织活动，因此班干部组织对一个班级至关重要。所以，我们要非常重视班干部的选举。大学生并没有天生的班级管理能力，因此我们就必须先挑选一些积极的学生，然后再培养他们的管理能力直至成为合格的班干部。

① 精心选拔。班级干部是为他人服务的，是为大集体服务的，因此不仅要选取那些管理能力强、领导能力强、凝聚力强的学生，还要选择能吃苦耐劳、有责任心、有奉献精神、能为他人着想的学生。

② 注重培养。班干部经过层层筛选之后，为了更好地协助辅导员的工作，为了更好地为班级服务，就要开始进行一些技能学习、方法学习、强化学习与实践锻炼，以此来提升班级干部的综合素质。

③ 加强管理。辅导员可以通过制订“班级干部培训手册”“班级干部职责手册”“班级干部管理条例”，给班级干部提供一个可以锻炼的平台，让他们有一个可以施展自己能力的空间，打造出一个凝聚力更强、战斗力更强的班级干部队伍。

（2）管理奖助贷

奖助贷包括三好学生、优秀学生干部、国家奖学金、专项奖学金和勤工助学、困难补助、助学金、助学贷款这些对学生的奖励与帮助政策。前四个针对的群体是所有品学兼优的大学生，后四个针对的群体主要是家庭经济方面有困难的学生。

① 评优评先。国家奖学金、专项奖学金、三好学生、优秀学生干部的评优评先直接关系着大学生的个人利益，对调动大学生的学习热情有着十分重要的作用。所以，辅导员在评优评先时要遵守公平、公正、公开的基本原则，否则的话会造成不堪设想的后果。

② 贫困生的补助。对于家庭经济困难的学生，学校的补助和鼓励政策有助学金、助学贷款、勤工助学、困难补助等等，这些补助项目对贫困大学生学业的顺利完成起着非常重要的作用。辅导员在开展贫困生工作时必须严格按照国家法定的相关条例进行贫困生的筛选和调查，务必要保证公平、公正、公开。

3. 课外活动管理

大学生的学校活动除了在教室里进行的课堂学习活动，还有一些课堂以外的活动，我们将这些活动统称为课外活动。课外活动能够促进学生的健康成长，提高大学生的交往水平、组织能力、综合素质以及使大学生的课余生活更加丰富多彩。通常的课外活动包括：社团活动、生活活动、文体活动、勤工助学活动以及社会实践活动等，可以看出，这些活动都是有益于身心健康的活动。我们一方面要鼓励大学生参加这些活动，又要做好安全管理。

（1）安全活动管理

社会的复杂多变以及学生由于家庭而造成的安全意识缺乏给大学生的安全活动管理带来了不小的挑战，因此辅导员必须定时对大学生进行安全方面的教育，特别是考试和放假期间的安全，除此之外，还要让大学生重视良好生活习惯和学习习惯的养成，提醒大学生通过细处、小处处理好不同场合和类型的人际关系，使学生提高自我保护的意识以及自我管理的意识和能力。

（2）行为活动管理

辅导员要根据当代大学生具备的平等意识、民主意识、自我意识强烈的特点来冲刷管理的刚性色彩，增加管理的柔性与弹性，凭借平台的搭建、政策的引导、机制的保障和个别的指导等措施达到宽严相济、人性化管理的目的。在文体、社会实践等活动平台上引领学生团结友爱、积极奋进，发扬民族精神和爱国主义；在评优、评先、保研等政策的指导下，引领学生努力学习，维护好学业、事业与职业之间的关系；运用个别指导和班主任、学术导师一起带动教育的教学方法，使学生能够遵纪守法，加强学生自身的社会责任感，积极参与社会活动和实践，实现教学相长的目的。

（3）社团活动管理

学校的社团活动虽然是由学校各个团组织和社团联合主办的，但对于社团活动的管理，辅导员也发挥着十分重要的作用。辅导员对于学生社团活动的方向是不是积极的，程序是不是齐全的，质量是不是过关的，这些一定要进行严格的把关。

（4）生活园区活动管理

生活园区活动指的是除了在学校里面进行班级活动之外，仍在学校里举行的活动。生活园区活动也是由辅导员组织管理的，辅导员通过组织积极向上的、各种各样的生活园区活动，为大家塑造一个良好的生活环境、提供更优质的服务。

（5）文体活动管理

文体活动分为文娱活动和体育活动两种。文娱活动指的是为了丰富学生的课余生活而举行的活动，体育活动指的是为了使学生劳逸结合而开的一门运动课程。

① 对于文娱活动的管理

首先，加强文娱活动的组织、策划和指导等方面的工作，开展丰富多彩、积极向上的文娱活动。

其次，让大学生通过参加文娱活动来帮助他们提高陶冶情操的能力，培养健康情趣、树立正确的观念。

最后，要坚决抵制各种低级无趣、有害大学生身心健康的活动。

② 对于体育活动的管理

第一，出于增强大学生身体体质的目的，可以给每一个大学生建立健康档案，根据每一个学生的不同特点开展个性的健康教育方案，让每一个学生都能健康成长。

第二，通过体育课签到、体育课考试等手段加强体育课和课外活动课的管理，让体育课和课外活动课的作用淋漓尽致地体现出来。

（6）勤工助学活动管理

辅导员必须及时地解决大学生在勤工助学活动中遇到的问题。如此更有助于顺利开展大学生勤工助学活动，进而推动大学生的身心健康成长。

（7）社会实践活动管理

社会实践活动是指大学生在节假日参加的志愿者服务活动、校外的专业实习活动与专项技能训练的校外实践活动，等等。管理社会实践活动必须做到以下几点：

① 多层次地开展，人人参与。

② 计划周密，组织用心。

③ 目标明确，坚持原则。

④ 总结认真，交流频繁。

（五）科研任务

辅导员工作的成绩要得以显现、水平要有所提升，就必须将辅导员工作的经验上升为理论，就必须进行一定的科学研究。因此，高校辅导员必须承担一定的与大学生教育管理服务相关的科研任务，尤其应围绕实际工作中的难点、重点开展应用研究，以期解决实际问题、提高工作水平。对于不同职称、不同级别的辅导员，要求其进行科学研究的方向和标准也不一样。具有高级职称的辅导员，应围绕辅导员的顶层设计、职业发展、考核指标、激励措施等方面，从宏观的层面、队伍发展的角度去思考、研究辅导员工作的相关问题；具有中级职称的辅导员，应主要围绕某一项具体的工作，如党建、团建、资助、就业创业等方面，从微观的层面与具体工作的方式方法的角度去思考如何干好工作、做出成绩等问题；具有初级职称的辅导员没有具体的科研任务，但可参与高级或中级职称辅导员的相关研究，努力为自己积累相关的科研经验，培养科学研究的思维，为以后独立从事科学研究做准备。

第三节　高校辅导员的核心素质

高校辅导员不只是高等院校师资队伍和管理队伍不可或缺的重要组成部分，其也是大学生思想政治教育和管理工作的组织者、实施者和指导者，高校辅导员应该努力地变成学生学业发展的心灵导师和健康成长的贴心朋友。高校辅导员的职业是非常神圣的，它背负了太多学生家长和社会的期待，辅导员自身的综合素养水平与高校实现人才培养目标和任务、大学生全面发展需求，以及学校的可持续发展有关。

一、良好的思想政治素质

辅导员必须具备良好的思想政治理论水平和坚定的政治立场以及扎实的马克思主义理论基础，同时要牢牢把握中国特色社会主义的基本理论以及中国共产党的路线、方针和政策。辅导员工作的主体是大学生，思想政治素质相对比较薄弱是该群体的一个十分重要的特点，加上当今纷繁复杂的社会环境，这个群体受到了各种思潮的影响，辅导员在这种情况下对大学生思想政治方面的教育和引导就变得尤其重要。辅导员能通过自身较深层次的思想政治理论素质和实践能力准确地把思想政治理论转化、传授给学生，以此来影响和指导学生。思想政治理论水平并不能完全决定辅导员的工作水平，因为理论是要作用于实际的，所以还必须要看辅导员将自己掌握的理论知识在实践工作中的落实。思想政治觉悟问题是理论运用过程中一个十分重要的问题。在学习、掌握理论知识后，只有凭借积极的思考、认真的领悟，将理论上升行动的指南，才能指导实践，理论才能真正成为推动实践的重要动力。

（一）坚定的理想信念

辅导员要坚定地做青年马克思主义者，树立中国共产党领导下的中国特色社会主义道路、实现中华民族伟大复兴的远大理想和坚定信念，培养共产主义远大理想，要具有坚定的政治态度和政治立场，培养正确的政治观点和较高的理论素养。

（二）强烈的政治自觉性

辅导员要始终和党中央保持一致的政治原则、政治立场和政治方向，如此才可以在政治上指引学生，特别是引领和培养学生中的先进积极分子信仰马克思主义、共产主义。

（三）较高的思想道德水准

辅导员对大学生具有鲜明的示范作用，要把大学生培养成思想道德过关的人才，就要求作为指导者具备较高的思想道德水准，还要有过硬的组织纪律性，要彻头彻尾地严谨执行上级部门的一切工作安排，悉数活动听领导的指挥。可以立足于大学生思想政治教育职责以及学校改革发展和稳定的整体，无私奉献，脚踏实地完成份内工作。

二、较高的职业道德素养

（一）爱岗敬业

爱岗和敬业是互相联系、相辅相成的。所以，辅导员要想做好自身的工作，爱岗敬业必须做到第一位；还要专注于职责内的工作，全神贯注、认真负责、一丝不苟，竭力提升业务水平，在短时间内掌握自己管理的大学生的个性特点及成长规律；更要全力拔高自己的思想觉悟，摒弃把辅导员当成过渡性职业的想法。

（二）认真负责

辅导员这个职业的工作性质决定了其对待自己的本职工作必须认真负责，因为对学生健康成长负责就是对学校长远发展、对家长的苦心培养和对社会主义现代化建设的高度负责。辅导员怎么做好工作呢？首先要具有党的事业发展、社会安定团结以及百年树人、百年教育的大局观，只有站在这个高度，才能做到真正关心生命、关心每一个学生的未来、关心社会的发展前途，在贡献更多社会价值的同时实现自我的人生理想与价值。具体而言，作为辅导员，就更要认识到大学生健康、幸福成长的重要性，他们每一个人都关系着社会主义现代化建设以及祖国的未来。因此，辅导员在实际工作中必须时刻保持这种认真负责的精神状态和工作态度。总之，辅导员的岗位上不需要也不能有麻木不仁、无动于衷、对生活没有爱好、不能主动承担责任的人，而这个岗位真正需要的是责任感很强、有责任心、对事业有高度负责精神的人。

（三）奉献精神

辅导员之所以要有积极的奉献精神是因为这份工作是非常复杂、多维的，必须投入巨大的精力。因此，做好一份工作的前提就是对这份工作有热情，只有热情才能在实际工作中转化为认真负责的精神。换句话说，有了工作激情，才会有昂扬的精神状态，才能够起到示范带头的作用，才能给人依赖感，也才能发挥教书育人的作用。辅导员这种工作性质决定了这个岗位不会有多么大的成就，更多的是日复一日地辛勤工作，任凭在平凡但艰辛的劳作中奉献出自己的生命。

（四）崇高人格

一个辅导员的人格魅力是指他的性格、仪表气质、文化素质、思想道德等方面的综合素养给学生带去的感染力和影响力。辅导员在日常工作中要通过崇高的人格魅力和奋发图强、舍己为人的精神品质去影响、引领学生，还要以满腔的热情来协助学生。辅导员在完成与学生个人利益密切相关的如学生助学贷款、就业等工作时要做到公平、公正、公开，在面对和解决难题时要勇于担责、敢挑大梁、富有激情、敢于打硬仗。这样的素养对于劝导、教化、影响并指引大学生的思想和行为有着非常积极的作用。正像孔子说的："其身正，不令而行；其身不正，虽令不从。"

三、恰当的文化知识结构

（一）坚实的理论基础

辅导员工作是跟人相关的工作，它是一门科学、一门艺术以及一门学问。因此，辅导员才更需要认真学习与钻研马克思列宁主义、毛泽东思想、邓小平理论、"三个代表"重要思想以及科学发展观，还要紧跟时事政治，进行关于管理学、教育学、社会学和心理学以及就业指导、学生事务管理等方面的学习。

（二）广博的文化知识

当代大学生群体同时也是知识群体，这个群体中的人思维敏捷、信息交流速度快、善于接受新鲜事物并有一定程度的科学文化水平。因此，高校辅导员想做好并提高大学生思想政治教育工作的效果，就必须储备广博的科学文化知识。多元并合理的知识层次和广博的知识储备奠定了高校辅导员做好大学生思想政治工作的基础。他们的知识层次必须包含思想政治工作、教育与心理、广泛的社会文化和一定水平的科学技术这四个主要部分。

（三）较高的学习能力

辅导员在指导学生的实践活动尤其是专业的实训、实践活动的时候，需要给学生树立观察力、理解力等方面的榜样，跟学生分享自己观察和学习到的内容，尤其是要教给学生提高学习能力的方法，这样学生就能在不知不觉中提高自己分析、解决问题的能力和水平。

四、健康的身心素质

（一）豁达的胸怀和坚强的意志品质

这是辅导员必备的心理素质，它可以帮助辅导员减轻心理压力、提高适应社会的能力，还能够辅助辅导员解决工作中的艰难与挫折。思想政治工作需要辅导员和人相处，帮人处理困难与问题，因此辅导员在做学生工作时不可避免地会碰到很多令人烦恼的事。所以，积极、正确的心态有利于辅导员最大程度上施展自己的积极性和创造性，提高工作的效率，成功解决自己遇到的各种困难。

（二）真诚的情感品质

辅导员要能够通过自己的真心去关心、爱护其所带的学生，培养理解、尊重学生的良好品格，和学生建立彼此的信任关系。辅导员需要和学生成为朋友，坦诚地跟他们交流，而不可以仅把他们看作单纯的受教育对象。只有成为彼此的知心朋友，辅导员才可以和学生形成和谐的师生关系，才可以持续地拓展和学生之间的情感交流，才可以真正地、充分地了解学生，才可以及时地帮助、指导他们，引领他们健康成长。

（三）良好的自我控制能力

辅导员要在学生工作中谨慎自己的言行，善于进行自我控制；在面对困难时保持坚强的意志和锲而不舍的毅力；无论在顺境或逆境面前都能从容应对，能够控制自身的情绪，始终保持冷静。

五、扎实的业务素质

（一）较强的组织管理能力

辅导员必须通过积极主动地参与大学生工作来协助大学生把活动进行得多姿多彩。活动在准备阶段时，辅导员要积极主动地帮助学生启发和拓展他们的思维和视野；学生在制订活动方案和计划时，辅导员要积极、认真地进行帮助和指导，要在计划中体现出充实的活动内容和周密的活动时间安排。而辅导员的管理能力就具体体现在：第一，是否在学期初就充分考虑学校安排与学生实际需求等情况，然后在此基础上制订计划；第二，能否在学期中严格地执行计划并恰当地凭借学校的现有资源来充分激发学生的积极性；第三，是否能够在学期末科学地总结归纳并评估计划方案的实施效果，并在之后总结出经验教训，等等。

（二）较强的沟通、协调能力

辅导员理当具有良好的沟通和交流能力，以此凸显其人格魅力。辅导员要在宿舍、食堂中与他人平易相处，不要总把自己当成学生的老师，而是要成为学生的朋友，和他们相互尊重、相互平等地相处；辅导员还要通过与班级各科教师的时常交流和沟通来了解学生在课堂上的情况，针对每个学生的学习态度和方法，有目标地帮助他们建立学习信心、增强学习观念、树立科学的学习目标、掌握科学的学习方法、培养良好的学习习惯，使他们能够顺利地完成学业、增强自身的素质；辅导员还要通过和学生所在宿舍的管理员进行交流和沟通来了解学生在宿舍里的情况，并开展针对性的思想教育工作，这些情况包括日常行为习惯、卫生文化以及除学习之外的思想想法和动态变化趋势；辅导员更要和学生的家长多沟通、多交流，这样可以从尽可能多的层面更加深入地了解学生的成长背景，还可以通过这种方式掌握学生的性格、喜好等个性特征，力求尽可能快地掌握学生的基础情况，以便于进行个性化的教学和辅导。

（三）较高的心理解惑能力

进入大学校园后，学生可能在短时间或者较长一段时间里不能很好地适应大学校园的生活和学习方式，这就会导致他们的思想行为可能会慢慢偏向另一个极端：孤僻、独来独往、集体意识淡薄、不思进取、面对问题不积极解决等。辅导员应当及时运用专业的心理学知识来帮助和指引那些心理存在问题的学生回到健康的心理状态，为他们重塑健康的人格和品质。因此，作为一名专业、负责的辅导员，他们必须拥有较专业的心理学知识，并且能在实践中具体运用这些知识对出现不同心理状况的学生进行有针对性的指导和帮助。

以高校的实际情况来说，由于高校辅导员必须按照具体工作对象的不同采取不同的工作方法，因此他们必须培养自己多方面的综合能力，多角度了解这个社会、学校特别是学生，这样才能从多角度帮助和引导学生科学合理地提高综合素质，因材施教。辅导员只要不停地进取，坚持工作内容和职责，就可以更好地听取和满足学生的需求，达到高校辅导员岗位职责对自身的要求。

（四）高水平的语言表达能力

高校辅导员传递思想、知识、经验、智慧的基本工具就是语言，它在辅导员和学生心灵之间架起了一座沟通的桥梁。语言表达能力是通过语言把自己的思想、感情、自身意愿表达出来的能力，辅导员如果没有较强的语言表达能力，就难以教育学生，所以这种能力十分重要。思想政治工作不是代表着长篇说教，而是周密的逻辑思维、精细入微的剖析以及实际的论据、有条不紊的推理、推诚相见的交谈和推己及人的落脚点，只有掌握了这些能力才可以使学生信服。辅导员面对大学生的长处和进步，应及时地察觉，并用恰当的语言表达高兴与赞赏；辅导员面对大学生的缺点及失误，必须根据不同学生的性格特征和个性心理，把个人意见恰如其分地，以让学生最能接受的方式表达出来。辅导员还需要在表明立场态度的基础上，使用语言的技巧，顾及大学生的自尊，这样才能培养及保护他们的上进心。

（五）积极的开拓创新能力

辅导员的开拓创新能力为高校学生工作的改进和发展提供了动力。辅导员工作是处在一个生产条件和社会环境、文化氛围和竞争方式、学生的思维及理念都在变化的、富有挑战性的时代。一个称职的辅导员必须在坚守基本原则的前提下，使用不同的方法开动脑筋和解放思维，研究开拓新的工作思维及工作方法，以便达到为社会主义培养人才的终极目标服务。

（六）高水平的科研开发能力

辅导员的主要工作对象是学生，他们是社会中特殊的群体之一。学生们掌握先进的文化知识，而且具有较强的观察与分析问题的能力。青年学生对新生事物具有强烈的求知欲与接受能力，但是他们的思想尚未完全成熟，要求辅导员保持激情去研究与总结学生面对的新情况和新问题，并且形成相关的科研成果，这也便于同行的学习与交流。另外，辅导员还应该用科学的理论去指导学生的工作实践，强化自身的“知识型”与“学者型”的定位。在具有较高的思想政治专业素养的同时，还要结合自己的实际工作经验，将理论和实践结合起来，并且以实践作为检验真理的唯一标准，用对实践的研究与总结来补充和完善科学的理论。

（七）较迅速的信息处理能力

随着计算机网络技术的快速发展，以信息技术为物质基础与技术基础的网络社会已经形成，人们交流与传递信息的方式发生了巨大的转变。因此，面对如此纷繁复杂的网络环境与信息知识，如果辅导员没有较高的信息处理技能以及对信息进行筛选、鉴别和使用的能力，是很难展开工作的。

第二章　高校辅导员工作方法

本章为高校辅导员工作方法，分为四节，第一节为高校辅导员的工作概述，从高校辅导员工作的特点与功能两个方面来叙述，第二节简单介绍了高校辅导员的工作方法，第三节讲述了高校辅导员教育工作的演变，第四节讲述了高校辅导员工作方法的实施与创新。

第一节　高校辅导员的工作概述

辅导员是高校学生思想政治工作一线的组织者和教育者，在培养出合格及优秀的人才方面担负着重要的使命。要做好、做实辅导员工作，需要从各个侧面深入地了解辅导员工作的本质和内容。并且，辅导员要加深对自己所肩负的国家使命和社会责任的认识，并从思想深处将辅导员工作作为一项崇高的事业去追求。[①]

一、高校辅导员工作的内涵

关于“工作”，《现代汉语词典》有三种解释：一是“从事体力或脑力劳动”，二是“职业”，三是“业务、任务”。显然，第一种解释是将工作作为动词，第二、第三种解释是将“工作”作为名词。所以，“高校辅导员工作”不仅可以是个名词，同时也可以是一个动词。身为名词，它主要指的是一种业务和任务，即高校辅导员所从事的大学生日常思想政治教育、管理与服务等业务；身为动词，它主要指的是一种劳动或活动，也就是高校辅导员对大学生进行的日常思想政治教育、管理、服务等活动。本文对高校辅导员工作的研究主要倾向于后一种解释。

教育部《普通高等学校辅导员队伍建设规定》对高校辅导员工作职责进行了

① 裴成功，袁智强．浅谈对高校辅导员工作的思考 [J]. 南京航空航天大学学报，2007，(11)：11-19.

明确规定：①帮助高校学生树立正确的世界观、人生观、价值观，确立在中国共产党领导下走中国特色社会主义道路、实现中华民族伟大复兴的共同理想和坚定信念。积极引导学生不断追求更高的目标，使他们中的先进分子树立共产主义的远大理想，确立马克思主义的坚定信念；②帮助高校学生养成良好的道德品质，经常性地开展谈心活动，引导学生养成良好的心理品质和自尊、自爱、自律、自强的优良品格，增强学生克服困难、经受考验、承受挫折的能力，有针对性地帮助学生处理好学习成才、择业交友、健康生活等方面的具体问题，提高学生的思想认识和精神境界；③了解和掌握高校学生思想政治状况，针对学生关心的热点、焦点问题，及时进行教育和引导，化解矛盾冲突，参与处理有关突发事件，维护好校园安全和稳定；④落实好资助经济困难学生的有关工作，组织好高校学生勤工助学，积极帮助经济困难学生完成学业；⑤积极开展就业指导和服务工作，为学生提供高效、优质的就业指导和信息服务，帮助学生树立正确的就业观念；⑥以班级为基础，以学生为主体，发挥学生班集体在大学生思想政治教育中的组织力量；⑦组织、协调班主任、思想政治理论课教师和组织员等工作骨干共同做好经常性的思想政治工作，在学生中间开展形式多样的教育活动；⑧指导学生党支部和班委会建设，做好学生骨干的培养工作，激发学生的积极性、主动性。

按照内容，可以将这八条职责总结为四个方面，即日常思想政治教育、事务管理、发展辅导、协调配合。

二、辅导员工作的特点

从宏观上看，高校教育属于上层建筑，是为经济基础服务的，辅导员隶属于高校，理所当然是服务的角色；从微观来看，学生工作是高校工作的基础，实际上是为办学和教学服务的，而办学和教学的根本在于学生。辅导员的工作一定要以为学生服务作为出发点。

因此，辅导员工作显现出主客观两方面的特点。客观方面主要呈现出直接性、复杂性、系统性和全面性的特点。直接性是指每天直接面对学生、处理学生们的各项事务；复杂性是指涉及学生学习、生活、情感、心理等各个方面的复杂琐碎问题，从而需要综合分析与判断学生们的各项需求；系统性是指学生之间、师生之间、学生家庭和社会成员之间相互关联与影响，呈现出的系统与综合性特征，从而需要系统分析与掌握影响学生思想变动的各项因素；全面性是指学生群体需求与有差异的个体需求并存，呈现出全面性特征，从而需要辅导员关注解决每个学生的特殊需求。

从主观上看主要分为主动性、预见性和针对性。主动性是要求辅导员在工作中主动了解学生的各项现实情况，分析、概括与把握学生们的需求、希望及困惑；预见性是要求辅导员预见和把握学生们的思想变动特点、方向及其发展趋势等；针对性是要求辅导员注重依据社会经济条件的变化特征，有针对性地开展思想政治教育工作。

三、辅导员工作的对象

对象问题的研究是高校辅导员工作研究的重要领域。只有真正理解了对象，才能使得高校辅导员工作具有较强的针对性，取得预期的效果。高校辅导员工作学对对象领域的研究，包括什么是对象，什么是高校辅导员工作对象，高校辅导员工作对象的分类等内容。

（一）高校辅导员工作对象的确立

对象，是指“行动或思考时作为目标的人或者事物”。人类社会的任何实践活动都有其主体，也都有主体认识活动和实践活动所指向的对象——人或者事物。作为高等学校中开展的一项重要的实践活动，高校辅导员工作也有其特定的认识和实践的对象。概括地讲，高校辅导员工作作为一种教育实践活动，其对象是高校辅导员工作主体认识、教育、改造、管理与服务活动所指向的人或物。目前，关于思想政治教育对象的研究主要有三种观点，包括以人为对象、以受教育者的思想政治品德以及思想政治品德结构与水平为对象和以教育内容、教育中介或教育的其他因素为对象。以人为对象是目前思想政治教育对象研究领域中的主流观点。在以人为对象的前提下，国内学者的观点又分为受教者对象、施教者对象、施教者与受教者同为对象三种理论。受教育者对象论应该是我国传统思想政治教育发展过程中持续时间最长、影响最大且目前还有广阔市场的一种观点。

高校辅导员工作的对象是高校辅导员工作的接受者和受动者，是高校辅导员工作主体的作用对象，是生活在一定社会关系中，进入高校辅导员工作主体的对象性活动，与高校辅导员工作主体构成对象性关系、被主体赋予主体的规定性的人。在高校辅导员工作中，主体的实践和认识活动所指向的人，是处于实践和认识活动中的、现实的、综合的人——大学生。大学生是高校辅导员工作的对象，这是一种特殊对象，是具有一定的主体性的对象，表现为接受教育、管理和服务以及进行自我教育、管理和服务过程中的自主能动性。

（二）高校辅导员工作对象的分类

大学生作为高校辅导员工作的对象，同样有个体和群体之区分。个体就是指单个的大学生，群体是指由许多个大学生组成的集合。大学生群体既包括正式群体，如共产党员群体、共青团员群体、学生班级等，又包括非正式群体，如社团、兴趣爱好群体、老乡会等；既包括特殊学生群体，如贫困生群体、心理障碍学生群体、学习困难学生群体、就业困难学生群体，又包括一般学生群体；既包括文科生学生群体，又包括理、工、农、医、法等其他学科学生群体；既包括学生干部群体，又包括普通学生群体；还可以按地域将大学生划分为中、东、西部高校大学生，按生源划分为来自农村和城市的大学生，等等。

要指出的是，无论是以单个大学生还是群体大学生作为对象，重点都在于对其思想政治品德状况的认识和改造。因为大学生是自然存在物、社会存在物和精神存在物的统一体，既具有自然属性，又具有社会属性，还具有精神属性。高校辅导员工作不是万能的，它不应当也不可能对大学生的全部属性进行认识和改造。所以，如果笼统地将大学生作为对象，必然会使高校辅导员工作的对象研究模糊化，自然也会把高校辅导员工作主体认识、改造和作用的对象扩大化，把高校辅导员工作实际涵盖的范围扩大了。事实上，在高校辅导员工作中，无论从主观目的还是客观结果来看，主体要认识和改造的具体对象主要是大学生的精神属性，即思想政治品德状况。将高校辅导员工作对象的研究集中在大学生思想政治品德状况及其变化发展上，既符合对象的内在属性，也符合高校辅导员工作是改造和提高大学生思想政治品德水平的实践活动这一本质。

四、辅导员工作的基础

（一）思想政治教育学基础

思想政治教育是指社会或社会群体用一定的思想观念、政治观点与道德规范，对其成员施加有目的、有计划、有组织的影响，使他们形成符合一定社会或一定阶级需要的思想品德的社会实践活动。思想政治教育学则是在长期的思想政治教育实践的基础上形成和发展起来的，是研究人们思想品德形成、发展的规律和对人们进行思想政治教育的科学，包括思想政治教育的战略地位和社会功能研究，思想政治教育的过程及其规律的研究，思想政治教育对象的研究，思想政治教育的目的和任务、内容及原则的研究等。

高校思想政治教育是思想政治教育学重要的研究领域，辅导员工作作为对大学生进行思想政治教育和日常管理的基本途径，承担着提高大学生政治素质和思想道德水平、促进大学生全面发展的重要职责，为思想政治教育学的发展提供了实践基础，同时，思想政治教育目的论、思想政治教育过程论和思想政治教育方法论等也为辅导员工作提供了理论支撑。

（二）教育学基础

高校辅导员作为高校教师队伍的重要组成部分，是大学生政治上的引导员、学业上的辅导员和生活中的指导员。辅导员工作是一项系统工程，由教育者（辅导员队伍）、教育对象（大学生群体）、教育环境（新时期高校背景）、功能目标、工作内容、工作方法等多种要素组成。在这个过程中，教育学相关理论和原则是有效指导辅导员开展工作的重要基石。

（三）心理学基础

心理学是研究人的言行与心理的一门学科，它是以人为研究对象，既关心人们的行为方式在各种情境下显现出的行为方式的特点与规律，又需要研究这些行为内在的心理过程与规律。所以，它为所有以人为研究对象的科学研究与应用奠定了基础，比如教育、管理、营销等。辅导员要成为学生的知心朋友，帮助他们健康成长，掌握他们心理的发展规律和特点，做好大学生的心理咨询以及辅导工作。

（四）管理学基础

作为学校的基层管理者，高校辅导员负责着高校学生的教学教育管理工作。大学生属于高素质的管理对象，因此辅导员在进行管理时必须贯彻管理学的基本原理和思想，坚守管理学的基本原则，通过科学的管理办法来进行大学生的教育管理工作。

五、辅导员工作的构成要素

我们在研究不同类型辅导模式的时候会发现，经典的模式都有基本的构成要素，正是这些稳定的构成要素的存在，才能引领我们有意识地逐渐完善现有的工作模式，坚持拓展和创新优秀的模式。在我们筛选和实践了众多构成要素后，从中确定了四个基本的构成要素：理念、目标、途径、方式。

（一）工作理念

工作理念是辅导员培养和建立工作模式的基础，也是使辅导员工作可持续发展的基础。比如，我们在指导学生党建活动时，应当着重重视的理念就是以学生为本，把学生的党建与思想政治教育和学生日常专业学习与研究结合起来，促进大学生自身的综合发展；在进行学生主题教育时，要强调活动尽可能地结合专业、运用专业的理念，使学生在接受教育的同时提升专业认识、提高专业技能。

（二）工作目标

工作目标是辅导员工作中的方向性因素。因为每一种工作的模式都是要解决某一个或一类的问题，所以辅导员要提前树立明确的目标，分析和实现预想的辅导与引导效果。在解决学生的个体性问题时，辅导员的目标可以是具体和近期的，这是由于个体的反应一般比较直接。比如，在解决某个学生的心理问题时，辅导员可以把目标定为多方面地帮助学生走出心理困境，让他能够健康快乐地学习和生活；在解决某个学生的就业问题时，辅导员的工作目标就是要指引学生自主、自信地面对就业，帮助他选择适合的工作；而解决学生的就业困难以及心理问题时，辅导员首先就需要客观地判断该生就业问题与心理问题两者的轻重和两者之间的关系，然后明确工作目标的主次；在解决某学生群体问题时，辅导员的工作目标应当是相对整体、长久和有条理的，相应地，对大学生的教育指导时间也会变长，这是因为群体的信息交互与反应会相对复杂，具有延迟性。

（三）工作途径

工作途径是辅导员工作中的通道性因素，工作途径决定着工作目标的达成方向。辅导员选择工作途径的决定性因素是具体辅导的对象和内容，而选择路径要遵守的三个原则为：第一，方向性原则。辅导员的工作途径就像一条笔直的路，方向要确切，方向枝节要少，这样才能确保辅导工作的作用发挥在一个方向上。第二，有效性原则。辅导员工作途径的建立基础是对辅导对象及其问题进行分析，制订的工作目标要适当且有利于实现教育的目的，如邀请心理专家在学生中举办适时适当的咨询与辅导活动，通过策划一个争先创优的评比活动来推进班风和学风建设等。第三，载体性原则。设置路径不是目的，关键是要使工作途径在辅导员工作中起到关键性的桥梁和通道的作用，能够给辅导员工作提供应有的平台和支撑。

（四）工作方式

辅导员的工作方式是强化教育、开展辅导、解决问题的钥匙。辅导员要根据不同的人群与问题在不同的情境下挑选最恰当的工作方式。

辅导员一般使用的几种工作方式：第一，直接谈话。辅导员与学生面对面地聊天和沟通，给学生需要的指导和疏导。第二，现代通信技术。辅导员与学生通过 QQ、E-mail、微信等现代通信技术进行交流。因为不是面对面，所以更容易说出自己的真实想法和问题。这种流行且大众喜闻乐见的方式可以有效拉近师生的距离，减少隔阂。第三，主题班会。辅导员要一学期组织一个或多个主题的主题班会，让全班同学积极参与并在互相交流中产生共鸣的感受。第四，文化、艺术和体育活动。辅导员要通过此类活动的举办来指引学生树立健康意识，提高文化和艺术修养，进而使学生的身心都能得到健康的发展，如师生趣味运动会、师生新年联欢晚会等。第五，辅导员还可以调动学生干部以及普通学生积极参与班集体的建设，使学生合作策划并组织各项活动。当然，这其中要凸显学生的主体性，使学生逐渐培养自我管理与自我服务的意识。第六，辅导员邀请专业的任课教师做兼职班主任，通过以专业为切入点的方式协助自己做部分引导与督促的工作。第七，辅导员通过争先创优活动这个载体来指引班集体及学生个人制订未来的发展规划，把职业生涯辅导与规划及时融入班集体建设。

六、辅导员工作的主要功能

从整体上来讲，辅导员的工作基本囊括了高校学生工作的各个方面，因此他们也就有了各种各样的比喻，比如说“保姆”“侦察员”“管理员”“服务员”“大班主任”等。我们可以按照高校辅导员工作的内容和角色定位，从思想、学习、生活、未来职业方面划分辅导员的功能。

（一）思想导师

辅导员工作是高校学生的教育管理工作，这项工作要求辅导员本身必须深入学习、领悟党和国家的方针政策，并将其作为自己日常工作的指导原则。同时，辅导员需及时地根据学生工作的不同要求制订合理、有效及针对性强的各项工作计划，并将有关国家方针政策及时地宣传给广大学生，在具体组织实施过程中不断地发现问题、分析问题和处理问题。而且，辅导员应将各种学生信息及时反馈给高校各学生管理相关职能部门，为学校进一步深化改革、搞好学生工作提供可靠依据。辅导员在教育过程中应让学生正确地认识、评价问题，培养和树立正确的思想观念与价值标准，并灵活应用多样的形式，特别是理论学习和社会实践相结合的形式，使学生能够掌握坚实的理论基础。只有让学生掌握科学的理论，才能帮助大学生在思想上、信念上坚定远大共产主义理想，树立正确的世界观和人生观。

（二）学习导师

学习是学生的天职。由于专职任课的教师重点在于具体课程的指导，因此，辅导员有责任从宏观的角度、从学生的长期发展角度、从学习方法与知识结构的角度进行指导。辅导员应该让学生认识到学历、教育与时间的有限性和社会变化的迅速性。知识的更新速度越来越快，只有养成终身教育、终身学习的良好习惯，才能适应社会的不断发展。大学学习以自学为主，大学生应掌握良好的学习方法、树立正确的学习目标。因此，辅导员应该引导学生进行三个过渡：其一是大学一年级时，指导学生从中学升至大学的过渡；其二是指导学生从理论性很强的基础课程学习阶段，向应用性、实践性强的专业课程学习阶段的过渡；其三是从高校学习到终身学习的过渡。培养学生学真知、学做人，指导学生掌握科学的学习方法，为他们日后走向社会和胜任工作岗位打好坚实的基础。

（三）生活导师

辅导员工作的首要任务是让学生学会与人相处，学会做人做事与自我发展。步入知识经济的时代，每一个爱生敬业的辅导员必须要面对与思索的问题是如何教书育人，如何运用真诚来指导和教育学生，以高尚的情操影响学生，成为大学生健康成长道路上的引路人。因此，辅导员应该将工作的重点着眼于指导学生的生活上。首先，应指导学生树立集体主义观念，在群体中学会和谐生活，能够灵活地处理人际关系，具备很强的心理承受能力与应对能力；其次，应指导学生树立公民意识，并加强对学生的文明生活方式教育，培养自立自强和健康清洁而且有规律的生活习惯。高校辅导员工作的主要职责还包括大学生个体规范化管理，它不仅涉及了大学生的日常作息制度管理、教室和寝室的卫生、上课的考勤等，还涵盖了学生档案材料管理，评优评先和“奖、贷、勤、补、免”等管理，以及对大学生的文明行为的要求与安全保卫等。尽管这些工作相对烦琐与零散，但是正所谓“细微之处见实效”，高校的辅导员应依照国家与学校的有关规定，严肃、认真、耐心、细致地做到学生管理的制度化与规范化，并持之以恒。

（四）职业导师

目前，大学生的就业形势是比较严峻的，因此辅导员应当培养学生正确的就业观念。高校辅导员在面对学生时担任的就是职业导师的角色，为学生规划以后的就业方向并解决学生在职业规划中遇到的各种问题。大学生作为具有思想政治理性的群体，应该在思想上为进入和适应社会做好充分的准备。辅导员的岗位职责就是指导大学生的社会实践活动。大学生的素养不只在学习中体现，更应该贯彻落实到社会实践中。这样既有助于大学生实际动手和工作能力的培养，也可以与就业无缝接轨，更有助于帮助大学生毕业后身份的转变，并提高学生的社会责任感与历史使命感，指引学生敢于在实践中检验学到的知识理论，继而能够不断地学习与探究。社会实践活动主要包含：社团活动、第二课堂、社会调查与实习，等等。高校辅导员在引导大学生开展社会实践活动时要体现出时代性、群众性和广泛性，还要兼顾多元性、趣味性和生动性。

高校辅导员对大学生的就业指导能够帮助学生树立正确的择业观，这也是新的就业形势对辅导员的最新要求。由于我国大学生就业体制的转变，大学生的就业压力也日益增大，因此，对于大学生的职业进行正确的引导，应该尽早提到辅导员的工作日程中来。高校辅导员应该不断提高自身修养与学识，并给大学生传授职业常识、就业准备、面试技巧与事业发展等方面的知识，促进大学生的自主择业与理性择业。

总体来说，辅导员的各个职责应该是全面和完整的，各项职责之间应该是相互衔接、相互影响、相互补充与共同作用的。辅导员应该认真地履行职责，发挥其服务与保障作用。通过以上对辅导员各职责的分析，还可看出辅导员不是可有可无的，辅导员工作是高校学生工作的重要组成部分，对促进大学生全面成才与健康发展、保障学校与高等教育事业的健康和有序发展，对办人民群众满意的大学与贯彻党的教育方针起着非常重要的作用。

第二节　高校辅导员的工作方法简述

一、辅导员工作方法的定义

高校辅导员的工作方法，其实就是辅导员按照大学生的不同特点和实际情况，有针对性地教育、管理、指导和服务学生所选择的方式和途径。它既决定着高校大学生思想政治教育的成败，也是大学生成长成才的保障。

二、辅导员工作方法的归类

高校辅导员的工作方法有很多种，每一种都不是通用的，而是有特定的使用范围和条件。根据这些范围与条件，辅导员的工作方法可以被分为许多不同的类别。

根据教育的职能，辅导员的工作方法可以划分为理论教育法、实践教育法、批评与自我批评法。这些也是最基本的工作方法，在辅导员的整个工作过程中都是不可或缺、独一无二的。

根据教育的方式，辅导员的工作方法可以划分为疏导教育法、对比教育法、典型教育法与个别教育法。这些方法的使用范围包括不同的教育内容和对象，所以也是辅导员工作的一般方法。

根据受教育者进行自身教育的方式，辅导员的工作方法可以划分为自我修养法与自我管理法。这两种方法也是辅导员在工作中必须一直关注、使用和发展的方法。

根据辅导员工作同其他活动相结合的方式，他们的工作方法可以划分为感染教育法、思想渗透法和管理教育法。这些方法把教育和娱乐、文化等活动结合起来，因此具有其他方法没有的优势和特征。

辅导员不重视工作方法的选择或在工作过程中盲目地采取某一种工作方法，这些都会导致辅导员的工作遇到挫折。所以，辅导员在挑选工作方法时一定要注意目标方法的使用范围和条件跟实际情况是否符合，要采取恰当的工作方法。

三、高校辅导员选择工作方法的要求

在具体工作中，高校辅导员要按照教育目标的不同要求、教育内容的不同特点以及教育对象问题的特征、存在方式及其出现的原因等方面挑选恰当的工作方法，在挑选具体的工作方法时需要遵守以下要求。

（一）针对性

针对性就是辅导员要立足于实际，对症下药，在不同的工作任务中采取不同的工作方法，处理不同的疑问。它实质上是要求辅导员运用的工作方法符合思想政治教育、思想品德产生和发展的客观规律。这也体现了现代思想政治教育的科学性。辅导员有针对性地选择工作方法的具体要求为以下几点：

1. 根据思想政治教育的目的目标以及具体内容选取和运用方法

方法是人们完成任务、实现目的的工具和方式，它服务于目的和任务，也被目的和目标所制约。在思想政治教育的过程中，一定的目的和目标需要由某些特定的方法来完成，而一定的方法也总是在完成某些特定的目的和目标时，其独特的效果才会表现出来。根据思想政治教育的目的目标选取和使用方法正是目的目标与具体工作方法之间辩证关系的要求，也是思想政治教育方法的目的性的体现。

2. 针对教育对象的具体特点选取和运用方法

教育的对象有个体和群体的差别，也在年龄、职业、党派和文化程度上有差别。辅导员在选取、使用工作方法时必须要差别对待、因人而异，不仅要考虑到教育对象的文化知识状况、个人经历、家庭环境与个性特点，而且还要考虑到每个人在思想道德水平方面的高低和思想道德活动特点方面的差异。

3. 针对具体热点问题选取和使用不同的方法

一定时期表现出来的热点问题，是人们思想发展变化的反映，它们往往为思想政治教育提供了重要的教育时机。辅导员一定要敏锐地抓住热点问题并正确把握其性质，准确判断热点问题的影响范围和程度，深刻分析引发热点问题的原因，以便针对热点问题的性质、影响程度及其原因采用不同的教育方法。

（二）综合性

在现实生活中，大学生自身的需求多种多样，社会环境的影响复杂多变，因此，大学生的思想问题通常也十分繁杂。并且处在持续的变化之中，辅导员想要使用单一的方法处理问题是行不通的，必须要把多种方法综合起来使用。这就需要辅导员在日后的具体工作中综合地分析思想政治教育体系内部各要素的特征以及环境要素影响的复杂性特点。与此同时，辅导员必须选取一种或一种以上的教育方法对大学生进行教育，并在掌握不同工作方法各自特点的基础上进行有效的协调综合，有机地建立教育目标，把握工作任务服务的统一性，形成有条理的工作方法体系，体现出整体性优势和综合性效果。

（三）创造性

创造性地使用工作方法体现了辅导员认识能力与实践能力的发展。创造性要求辅导员努力做到以下几点：

（1）坚持以解放思想、实事求是、与时俱进、增强工作的实效性为基础，主动研究新情况、解决新问题、探究新方法。

（2）吸收和使用现代科学研究的成果，创新工作方法。综合运用相关学科所取得的新的研究成果，丰富和建立符合现代化要求的辅导员工作的科学方法论体系。

四、高校辅导员的具体工作方法

目前时代的大学生工作出现了新的机遇和挑战。因此，我们必须深入分析大学生工作在教育环境、对象、内容、途径和社会需求等多方面的明显变化，必须采取全新的工作策略，推进高校辅导员工作课程化模式的建设。

（一）树立新的工作理念

1. 树立以学生为本的理念

大学在某种意义上首先是培养人的场所，担负着教育的职能，教育职能的基础就是把培养学生作为目的，而不是途径。实际上，大学的天职就是培养“人”，“人”是它的立足点和归宿。学生工作以“人”为作用对象的特性在高等学校的各方面工作中表现得特别明显。所以，辅导员就必须在学生工作中改变以往的把学生看作管理对象而不是主体地位的行为，必须树立以学生为本的管理理念，进行学生工作必须关心学生、尊重学生，选择激励学生、服务学生的根本工作方法，以升华学生、提高学生为学生工作的最终归宿。具体来讲，就是工作观念上，改变以工作为中心、以教师为中心的教育理念，树立以学生为本的新教育理念；工作内容上，要从以“事”为核心转变到以“人”为核心；工作模式上，要重视学生的主体性原则，促进学生的全面发展和个性化发展，这是辅导员开展学生工作的前提和根本。

2. 树立全员育人的理念

高等院校是培养人才的地方。虽然高校还有科学研究、社会服务和文化传承的职能和作用，但这些职能都必须与人才的培养有机地结合到一起才能用于培育高素质合格人才，不然就会舍本求末。高校如果想做好学生工作，首先就要认识到只靠辅导员单打独斗是远远不够的，一定要树立全员育人的理念，调动学校各方面的力量，牢牢依靠全体教职员工一起做好育人工作，让每一个辅导员都能在日常学生工作中有关注和参与的途径和切入点。

3. 树立促进学生自我教育的理念

青年学生的可塑性很高，因此辅导员要根据学生身心发展的不同阶段的特征积极地引导他们，尤其是要引导学生进行自我教育、自我管理，使学生养成自我教育、自我管理、自我服务、自我完善和自我发展的意识和习惯。教育的终点就是不教育，也就是自我教育，没有达到自我教育就不算是成功的教育。教育实际上包括了自我教育和他人教育，而自我教育则是真正的教育。伴随着社会的发展，教育的目的产生了对应的变化，它的根本目的就是要让每一个学生都主动、全面地发展，但假使离开了学生的自我教育，就不能真正达到这些目的。所以，教育的重心必然逐渐向自我教育倾斜。

另外，高校辅导员工作的课程化模式还要求辅导员尤其要树立资源共享、合作创新的理念，要求辅导员要灵活使用现代管理方式和信息途径来开创符合学生发展规律与身心特点的工作方法，运用这些方法使工作更具有感染力和实效性。辅导员需要常常融入学生的学习和生活，尤其要关注学生中的一些特殊群体，让工作增强说服力和艺术性；需要深入寻找和培养青年学生中的先进分子，树立值得信任、学习的同辈榜样，让工作提高影响力和生动性；需要加强学习和研究的力度，对学生的生活学习状况进行定期的普查和研究，通过这种方法来为政策的制订和方法的创新研究提供坚实的依据和参考资料，及时归纳新方法、总结新经验，持续提高工作能力和水平，让工作的创造性更强。

（二）做好教学准备

1. 坚持调查研究，准确把握学生思想脉搏

辅导员工作课程化模式的实施要求辅导员的工作必须坚持调查研究，掌握大学生思想的基本状况。因为，辅导员一定要掌握大学生在各个时期的脉搏，在充分尊重学生主体性的基础上立足于实际，进行及时的疏导，集思广益，孜孜不倦，说服教导。实践说明，大学生中出现的一些倾向和问题是宜疏不宜堵、宜解不宜压的。因为，堵会造成对立，压会造成反抗，而疏导才能轻易地解决这些问题，指导才能使其获得提高。例如，互联网广泛而深刻地影响着大学生的思想和行为，因此我们必须积极倡导和引导网上的言论，加强管理域名、IP 地址以及 BBS，使网上的言论更加积极；再如，大学生的心理问题非常明显，因此我们必须给予他们以高度的关注，使心理咨询机构和危机干预机制更加健全，做到心理危机的及时化解。

2. 做好教学计划

做好教学计划，是实施好辅导员工作课程化模式的前提。做好教学计划，要

求辅导员在辅导员工作课程化模式的总体框架下，具体针对《基础指导课》和《专项指导课》两个课程模块，依据辅导员工作课程化模式的教学目的和培养目标，根据教育部、政府相关部门及学校有关文件规定的辅导员工作职责，重点结合学校的年度学生工作要点和院系的年度学生工作计划，编制出科学的辅导员工作课程化模式教学计划。同时，要求辅导员应广泛阅读并熟练掌握国家及省市、学校关于思想政治教育、党团建设、行为引导、心理健康教育、就业指导、资助与服务方面的文件及政策，作为开展好辅导员课程化工作模式的教学参考资料和工作指南。

3. 编写教案

教案的编写也是辅导员工作课程化的重要准备工作之一。要顺利推进辅导员工作的课程化，就要求辅导员首先必须认真学习教学大纲、研究教材、了解学生、了解教法，然后按照授课计划和学校统一规定的教案模板编写教案。

教案编写的要求是层次清晰、衔接巧妙自然、重点明显、难点化简、方法灵活丰富、时长合理、教具使用得当、教学环节全面、语言凝练。正文是教案的重点，因此正文的第一个教学环节应该包含新课引入的导言，导言可以引发学生的学习兴趣，提高学生的学习效率与学习积极性。所以，辅导员在编写教案时应认真地思考，做到精炼、巧妙、准确。正文的核心环节是教学内容的组织安排，包括本次课教学内容的顺序、教学内容的时长分配、教学方法的选择、教具的选择等。正文的最后一个环节为课堂小结，也就是把本次课讲授的内容特别是教学重点总结归纳起来，让学生的知识模块更加系统化。同时，按照教学实施的情况决定课后分析的内容。

（三）重视班干部队伍建设

因为辅导员要解决的教育管理事务繁多，所以难以全面顾及学生的校园生活，因此需要借助班干部来管理学生的日常生活，以便于能够随时关注学生的学习和生活。同时，辅导员还要发挥班干部、优秀学生的榜样作用，以此来教育指导学生的思想道德与学习态度。首先，教师应重视班干部队伍的培养培训工作，从专业学习能力、管理能力、工作态度等多角度评估班干部队伍的综合素质，培养出一支能力强、素质高的班干部队伍。用具有感召力、责任感强的班干部队伍，为学生树立榜样，使其团结向上、主动学习。① 其次，教师可以把班干部看作是学生日常的前线管理者，以身作则地干预学生，引领学生互相学习、帮助、进步。最后，大学辅导员可帮助班干部定期举办班会、组织活动，上报学生的实际学习生活情况，让辅导员通过与班干部的沟通了解大学生教育管理的基本需求，明确自身的角色定位与工作任务。

（四）丰富教育管理内容

第一，辅导员要重点引领日常学生工作中的思想教育。高校辅导员应当根据党的十九大教育方面的相关精神和指示，把中国特色社会主义文化、社会主义核心价值观教育、中国梦相关内容和大学生日常教育管理工作结合起来。有针对性地培养大学生的文化自信，坚定他们对社会主义道路的信心，帮助学生树立符合社会主义核心价值观的人生观、世界观与价值观，保证学生思想行为的正面性与积极性。在这个过程中，辅导员还要从择业、就业、交友学习、生活等多方面总结归纳大学生教育管理的需求，丰富教育管理的内容。

第二，促进班级党团建设，有规律地组织班干部与班级团干部的相关会议，对优秀党员、团员以及优秀学生进行奖励，坚定其作为共产党员、共青团员的政治理念。

第三，指导好学生的就业、创业。就业、创业是大学生成长过程中的重要课题，辅导员在其中有着不可替代的作用。所以为了提高大学生就业率，达到让学生顺利择业的目的，辅导员应指引学生重视对职业规划课程的学习，时常让学生分析自身未来规划，使其明确了解后期的就业安排，养成正确的就业观与择业观。在此期间，辅导员应提供优质、全面、系统的指导给学生，如就业信息、创业信息、招聘信息等，随后按照学校要求与学生需求贯彻大学生的就业创业工作，担负起大学生就业、择业的责任。

（五）开展深度辅导

深度辅导，就是在深入明确大学生实际情况的基础上，按照教育规律和大学生成长发展的需求，通过科学的知识和方法，对学生进行思想、学业、情感与心

① 聂靖．“三全育人”视角下高校辅导员角色定位及履职路径 [J]. 高校辅导员学刊 .2018，(001)：18-21.

理等方面有目的的深层次辅导。因此，深度辅导既不是简单意义上的直接谈话，也不是人云亦云的定义创新，而是高度专业化、科学化的思想政治教育活动。高质量、高水平地完成深度辅导，把思想政治教育工作真正落到每一个学生身上，并取得实际效果，要求辅导员在具体实践中遵守科学原则，做好前期准备，采取恰当方法，强化后续教育。

五、新时代辅导员工作方法的创新

高校正常运行的重要前提之一就是做好学生管理工作，学生是学校教育的主体，学校的大部分工作都是依据学生展开的。所以，学生的管理对于学校来说是其他一切工作能够正常开展的前提条件，作为学生的辅导员，应该及时地承担学生的管理工作，高校辅导员不仅要管理大学生的学习，还要管理他们的生活，不仅要管理课上的时间，还要兼顾课下的时间。学生工作繁多复杂，身为辅导员，面对新时代的情况和要求，只有坚持马克思主义的指导和党的领导，理论联系实际，持续创新工作和管理方法，才能在社会主义建设中看准方向，才能为实现中华民族伟大复兴的中国梦培养更多的高校人才。新时代辅导员创新工作方法的导向是实际问题，但也有一些普遍的东西，特别是在加强思想指导、智能向导、能力主导等方面。

（一）新时代辅导员工作要重视“思”

这就是指，坚持马克思主义的指导，把习近平新时代中国特色社会主义思想落实到辅导员工作全过程。高校辅导员的身份定位是大学生的思想政治辅导员，因此最主要的责任是做好学生的思想政治工作。大学生是未来之星，正如毛泽东主席所说，“你们是早上八九点钟的太阳”，大学生拥有激情和活力，将来还要接替国家建设的任务，会成为国家的栋梁之材，为实现中华民族的伟大复兴献出自身的力量，所以大学生的教育是重中之重。然而，我们也应该看到大学生自身的特点和不足之处，他们正处在价值观、人生观、世界观塑造的关键阶段，此时他们即使已经成年，但是身心尚未完全成熟，很容易被外来的不良因素所影响，很容易走上歪路，因此，身为辅导员的我们任务十分艰巨。我们担负着弘扬马克思主义的任务，我们是在为党和国家培养未来的接班人。为了培养中国特色社会主义事业接班人，为了培养中华民族的伟大复兴的接班人，我们必须要做好学生的思想工作，严格把关他们的思想政治。帮助他们树立正确的价值观念，让学生的政治立场与思想观念和党中央保持高度的一致，协助他们增强“四个意识”，坚定“四个自信”，做到“两个维护”，更好地服务于党和国家。

意识形态工作是当前工作的一个重点。世界局势变幻莫测，很多敌对国家势力分裂和渗透我国的心还在，西方部分资本主义国家不断尝试以不同的方式对我国进行文化渗透、思想渗透、宗教渗透、经济封锁，等等。一方面，大学生们虽然已经成年，但是身心却都还处于没完全成熟的上升期，他们对外界事物的了解、关注不多，对外界的是非对错判断能力不足，对社会现象的看法片面化。另一方面，他们遇到问题容易激进感性，掌控不住自己的情绪，容易被他人影响，有从众心理等，所以大学生是这些敌对势力最容易接触的群体之一，他们尝试潜移默化地渗透我党和我们国家的这些接班人和后备军，想从根本上影响和破坏我国社会主义事业建设的进程。所以，辅导员就要利用好自身的优势和作用，结合当前形势与新时代背景的特点，引导学生把自己的前途命运与理想和国家的命运紧紧结合起来，扎根于人民群众，树立为人民服务的理想，忠于人民、忠于祖国。

（二）新时代辅导员工作要运用“智”

运用智能化的方式推进学生工作，新时代的辅导员要紧跟时代，发挥新媒体在学生工作中的功能。在这个网络高度发展的时代中，每个人都是自媒体，每个大学生都能够发表自己的言论，他们可以从网上随时搜到自己想要的信息。

智能化的校园是学生发展的天堂，也是辅导员在新时代做好工作的新助力。在新媒体时代背景下，网络的覆盖率正在以极高的速度发展，大学生正是这个时代潮流的中坚力量，而他们的辅导员也不能落后，要跟随时代的步伐，关注网络新媒体的发展，不断提高自身的能力和水平。提到提高新媒体时代下的工作能力与水平，就必须再次对辅导员的综合素养提出更高的要求。我们要改变过去固化的思路，利用新时代的背景，充分发扬自身的优势，使用好新媒体，把学生的管理工作从原本的人对人转变为智能化管理的新模式。

在这样的大背景下，辅导员怎么跟上学生的步伐，怎么更好地教育好学生？最好的方式不是改变与学生的生活交流，而是紧跟时代。辅导员要充分使用在学生中普及率很高的微信、QQ、微博、校园公众号、学校小程序等新媒体来开展学生管理工作，进行班级管理。科学技术尤其是智能化不断发展，身为高校辅导员的我们应该紧跟时代的脚步，使用这些先进的技术和方式更好、更快、更便捷地和学生进行交流，不断提高工作效率。这不仅是新时代对我们的要求，而且也是学生对我们的期待。

（三）新时代辅导员工作要提升"能"

对于学生来说，辅导员是学生思想上的指引者，指引着学生们前进的方向，要想更好地教育学生，首先就需要提升自己的工作能力。作为思想政治辅导员，要提升自身能力需要做到两点，即政治过硬、业务精湛，只有这样才可以更好地教育学生。辅导员要有正确的思想观念，严格要求自己，从思想和行动两个方面以身作则，与党中央保持高度一致，给学生们树立好榜样作用。辅导员工作的职业综合能力很强，要求也很高，它的目标是提升学生的综合能力，转化他们的思想观念与价值观。要做到这些，就需要辅导员发挥自己的个人魅力，将思想与行动相结合，从而促进学生的成长。

辅导员的工作对于学生的成长至关重要，不仅对他们的三观有影响，甚至会影响他们的一生。所以，辅导员身上的担子很重，要时刻谨言慎行，以身作则。对于学生的教育工作任重而道远，不能急于一时，要时刻学习，不断提高自己的综合素质和业务能力，真正做到以德育人。

第三节　高校辅导员教育工作的演变

随着社会的发展，关于辅导员的制度也是在不断变化的，由于研究取向与研究视角不同，不同的学者对此给出的划分标准也不同。其中主要是通过其工作任务与性质的不同作为依据来进行划分的。本书以辅导员专业发展作为角度，将其做出以下几个划分。

一、以完全政治化为特征的萌芽初创期

辅导员的来源有许多种不同的说法，它最早的称谓是"政治辅导员"。追根

溯源，对黄埔军校的现代化办学特征进行分析以后，作者认为那个时期的政治教育与军事教育相辅相成的制度可以视为中国高校辅导员工作的源起。① 孙中山认为，黄埔军校创立的目的主要是使那些学生通过学习训练最终成立革命军，而这就需要对其进行思想教育。为了实现这个目的，他借鉴了苏联红军的经验，在黄埔军校实行政治工作制度。

后来，中国共产党的军队不断壮大，政治指导制度也开始形成条例，并在中国工农红军工作中实行。通过实行这项政治制度，走上一条不同于以往的办学路线，那就是既培养军事人才，又培养政治人才。比如，一开始在 1933 年党创办的中国工农红军大学，后面被迁往延安，名字也改为“抗日军政大学”。并且，起初校内学生的思想政治工作由教务处负责，后面也转由政治部负责，政治部还为中队配备了政治辅导员。也有学者认为这才是中国高校辅导员的源起——政治辅导员。② 在当时，他们的职责是负责学员的各项情况，比如学习、健康、生活以及思想等，主要任务就是协助学校领导对学员进行教育与管理。

1950 年，教育部发出《关于加强对学生政治思想教育的领导的指示》，要求各类学校加强思想政治工作。③ 在这个时期，高校的主要活动有反封建教育、对“三反”“五反”进行教育以及参加土改活动，等等。这一时期比较突出的特点就是通过与当时党的中心任务相结合，在高校展开思想政治教育工作。我们可以发现，首先是出于军事斗争的需要，因此，在这种情况下，将军队内的政治指导员在大学内开始应用实行也是一种必然。毛泽东曾说过：“边界的斗争完全是军事的斗争，党和群众不得不一起军事化。” ④ 所以，党创办的大学都是与部队编制相仿的。另外，在当时情况比较严峻的形势下，必须要加强对大学生思想政治方面的教育工作，坚定大学生的共产主义信念。此时的辅导员制度并未建立起真正的辅导员工作，而主要是针对党的中心任务进行工作，因此还只是处于萌芽阶段。对于辅导员专业发展的相关研究的任务与主要关注点并非应该在于它的起源时间，而应该主要关注的是辅导员制度被应用于高校内，并且在日常工作中其表现出的完全的

① 史仁民．黄埔军校现代化办学特征分析 [J]. 教育史研究，2013，(4)：22–25.

② 吉兴华，姜瑛，叶丽萍．高校辅导员制度的形成与发展 [J]. 北京工业职业技术学院学报 2008，(10):73–76.

③ 童静菊．高校辅导员队伍建设的回顾与展望 [J]. 学校党建与思想教育 .2006，(8):76–76.

④ 毛泽东．毛泽东选集 [M]. 北京：人民出版社，1991：63.

政治化倾向。

二、政治、业务“双肩挑”的曲折发展期

政治辅导员制度在 1952 年被正式提出并确立。在政治辅导员制度建立的第二年，清华大学校长就在本校率先提出并建立了学生政治辅导员制度。在这个制度中，辅导员要分别负责业务与思想政治方面的工作，这就是我们常说的“双肩挑”的工作制度。这个制度的设立让辅导员工作避免了空谈政治的现象，把“使用与培养相结合”。[①] 这个制度的工作形式是“半脱产”的，即在高年级选拔一些在业务与思想政治方面都比较优秀的学生，然后让他们对那些低年级的学生做一些思想工作。这种制度的诞生奠定了中国兼职辅导员工作的基础，同时对之后的高校政治思想工作具有非常重要的影响。它是中国高校辅导员制度从完全政治化逐步转向业务、政治双向发展的一个标志。

对于辅导员制度来说，它的发展并不是一帆风顺的。从 1957 年开始，中国便开始了不断的政治运动。直到社会主义改造完成、同时教育的本质也在不断地被认识深化之后，在中国高校设立辅导员这一意见才第一次正式在中央文件中被提出。这个文件中关于设立辅导员的内容大概是指要在高校中的一、二年级设立政治辅导员，由他们来加强学生的思想政治工作，然后逐渐培养出一批专职的政治辅导员。就这样，随着时间的推移，辅导员制度也在不断地进步发展。在 1965 年，辅导员制度得到了进一步的明确。教育部制订了《关于政治辅导员工作条例》，主要内容是对辅导员这一职位的作用与地位进行了明确界定，提出了比较明确的法规条例。这个条例是中国高校政治辅导员制度形成的标志。[②]

经过前面辅导员制度的萌芽与形成之后，高校辅导员的形象已经初步建立起来。1978 年，国家在颁布的《关于政治辅导员工作条例》中又提到了学生的思想政治工作，其中规定要在校内建立一支高水平的思想政治队伍，为一、二年级设立管理思想政治工作的辅导员，不断加强对学生思想政治工作的管理。对于恢复高校辅导员制度来说，这个规定具有比较重要的意义。[③] 在十一届三中全会后，

① 童静菊．高校辅导员队伍建设的回顾与展望 [J]. 学校党建与思想教育 .2006，（8）：76-78.

② 张立兴．高校辅导员制度的沿革进程考察 [J]. 思想理论教育导刊 .2009，（4）:117-121.

③ 林良盛．高校辅导员制度发展沿革与功能演化 [J]. 广东石油化工学院学报 .2008，（4）:42-44，52.

各高校开始逐步实施条例中的内容，由专职书记对学生们的思想政治工作进行管理。这对辅导员来说是有利的。1980 年，教育部门与团中央联合起来又发布了有关辅导员制度的意见，将之前那种业务与政治共同发展的做法进行了肯定并予以恢复。不仅如此，这个意见还规定了辅导员的福利待遇与教师职称问题。这是一次大的进步，是对于辅导员发展问题的第一次文字的记载。另外，第二年，教育部又对高校辅导员的工作进行了一些具体的工作上的规定。比如，每 120 名左右的学生要配备一名辅导员；当兼职教师承担辅导员的工作时，要保证给学生做一年半的思想政治工作，同时还要在期满后给予与全职人员同样的脱产进修待遇，每月给予岗位津贴，等等。这些关于辅导员工作上的规定对之后辅导员制度与队伍的建设有促进作用。①1986 年，国家又发表了有关辅导员的培养、选拔、使用和发展方向等一系列规定。同时还颁布了一些关于辅导员工作的意见和通知，目的是能够让辅导员队伍不断吸纳更多的人才，从而推动辅导员制度的不断向前发展。

在辅导员制度不断向前发展的同时，其中的一些管理问题也在不断显现出来。比如关于辅导员的身份。1987 年，中央发出一个文件，即《关于改进和加强高等学校思想政治工作的决定》，这个文件的内容主要是对辅导员的身份做了说明，规定其属于高校教师队伍的一部分，并应该列入教师编制，主要作用是对其提供一定的保障。同时教育部还规定了关于高校辅导员的目标、原则、素质、培训等一系列的问题。② 对于刚刚形成的辅导员队伍来说，这些文件具有指导性的意义，并将长时间影响着辅导员队伍。

国家颁布了一系列政策与文件来保障辅导员制度，这也促使了高校不断地解决学生在思想政治工作方面存在的问题，在这条路上不断探索与追求。③ 同时促进了高校辅导员队伍的良性发展。比如有相当一部分高校设立了思想政治教育专业，在修读这个专业之后，很多人担任了学生思想政治方面的工作。高校中这个专业的设立，使思想政治方面的学习与人才培养更加专业和正规，不断促进着思想政治学科的发展。同时，对于如今尚且比较稚嫩的辅导员队伍来说，也起到了

① 张志，张书丰 . 高校辅导员队伍建设发展的五个历史时期及其特点 [J]. 科技信息 .2007，(2)：27–29.

② 同上 .

③ 童静菊 . 高校辅导员队伍建设的回顾与展望 [J]. 学校党建与思想教育 .2006，(8)：76–76.

非常好的推动作用。另外，国家针对辅导员队伍的某些政策，也促进了辅导员制度的良性发展以及辅导员队伍的不断壮大。比如，关于管理、职称、培训等方面的政策等。随着之后对于“素质教育”的大力推进，辅导员队伍更是受到了重视，使它不断发展。

三、以走向专业化为特征的发展成熟期

随着时间不断向前推进，各种政策以及形式不断发生改革与变化，关于辅导员的某些制度也发生了变化，它的职责范围不断地扩大，不仅仅是管理学生思想政治方面的工作，而是面临着更加深层次的挑战。因此，在 2000 年召开的中央思想政治工作会议中，思想政治工作被提及，强调要始终增强建设，做好管理。同年 7 月，教育部党组就高校学生的思想政治工作提出了一些意见，在文件中再一次指出对于学生进行思想政治方面工作的重要性以及增强辅导员队伍建设的必要性。在新时期，高校扩招之后，学生思想政治方面可能会出现某些新的问题，一定要更加重视辅导员队伍的建设与发展。2004 年，大学生思想政治教育首次被提高到国家战略的高度，在教育部下发的文件中明确了辅导员与班主任是学生思想政治教育工作中的主体负责人，并将其名字由之前的“政治辅导员”改为“辅导员”，明确其任务——现在不只是要对学生进行思想政治教育工作，还要承担其他责任，促进学生各方面协同发展，同时提出要提升辅导员队伍的政策与待遇。教育部下发的这个“16 号文件”对于辅导员队伍的发展来说是一个纲领性文件，同时也是辅导员发展历史上的一个里程碑。从这时候起，辅导员的职责、功能、定位与以前相比都发生了很大的变化，真正地承担起引导大学生成长的作用。辅导员的职能与称呼的发展变化体现了国家对教育方面关注的变化。起初的政治辅导员，主要是负责党的政治方面的工作；之后的思想政治队伍、校内的政治辅导员主要针对的是高校内大学生的思想政治教育工作；而在这个文件提出之后的辅导员工作主要是在思想政治教育的基础上负责大学生的全面发展。“16 号文件”公布之后，高校辅导员才真正被称为教师。真正专业意义上的辅导员从这时候起开始正式起步发展。

起初，辅导员制度并不是为了全面发展学生而建立的，而是为了某些政治化的原因。由于起初的目标不同，它的发展历程是曲折的。在由政治化逐步迈向专

业化的路上，辅导员制度仍然存在着许许多多的问题。辅导员的工作不再只是之前政治化的思想教育工作，而是需要促进学生协调发展的全面任务。此时对于辅导员的认识更加明确，辅导员发展得也越来越专业化。只有改变之前旧的认知，辅导员队伍才会更加专业地发展下去。

四、现存辅导员制度转型消退期

从前面我们可以知道，随着时代的发展，辅导员的工作职责也在不断地转变。它的出现对于中国高等教育的健康与稳定发展起到了重要的作用。对于一个国家来说，教育是立国之本，对于学生的思想政治教育也尤为重要。在辅导员制度的发展历史之中，国家曾发布了一个个命令与文件，其内容都在不同程度上表现了国家对于辅导员工作的重视。它与国家和社会的发展密不可分。在“文化大革命”时期，辅导员制度也展示出“泛政治化”的局面；到之后以经济建设为中心时，其中包含的政治化倾向逐渐减弱，并开始受到经济与行政干预的影响。以前，辅导员属于“政工干部”，主要负责党的思想政治工作，而现在辅导员主要职责是在对学生进行思想政治教育工作的基础上，促进学生的全面发展，因此，“辅导员作为教师的重要组成部分，自然也将被纳入专业化发展道路，他们也必将改变以往‘纯行政干部’形象”[①]。但是，仅仅国家重视并发表文件并不能直接解决辅导员在发展过程中遇到的问题。这需要我们仔细地探讨分析，从发展、人本与哲学多个角度来看待辅导员职能的变化。从根本上来说，辅导员的主要职责是教育，对学生进行思想政治方面和其他方面的教育，促进学生的健康成长。其中，教育是最基本的性质。在教学过程中，辅导员可以看作是一种载体，用来实现教育的载体。虽然辅导员的基本性质是教育性，但是具体到某一个点，可能并不是完全的教育性。但是辅导员工作基本性质的明确可以为其提供角色定位的依据。“高校辅导员的基本角色被认定为教育者，这在一定程度上还原了他的存在原因和理由，赋予了他人生的意义。”[②]还原辅导员的教育性，不仅抓住了辅导员发展问题的实质，同时也促进了辅导员专业的发展。

---

① 陈立永.高校辅导员队伍专业化途径初探[J].扬州大学学报（高教研究版）.2008,（4）：30–34.

② 王文燕，张海川.论高校辅导员工作的教育性[J].教育理论与实践.2012,（12）：15–17.

随着辅导员逐渐向着专业化不断深入，以及高校学生需求的不断发展，之后的辅导员工作将会显示出更加精细的分工，之前的旧的辅导员制度终究会被淘汰，最终会被更加专业、更加精细的辅导员制度所取代。在由政治化不断地向专业化转型的过程中，辅导员工作的分工逐渐变得明确精细，不同的人具有不同的研究方向，在不同的角度与专业领域上对学生进行教育，促进学生的全面发展，成为一个真正专业的“辅导员”。其中针对学生事务的管理也成为另一个专业的领域，在专业的角度上对学生进行各方面的教育，促使其健康成长。

第四节 高校辅导员工作方法的实施与创新

一、辅导员教育工作面临的机遇

随着科学技术的不断发展，以及世界各种外来文化的不断冲击，高校辅导员也需要不断地发展与创新自己的工作方法来适应各种日新月异的变化。为了解决高校大学生目前遇到的一些问题，同时促进高等教育的发展改革，高校辅导员队伍应该逐渐向着专业化和职业化不断发展。对于高校辅导员队伍的专业化建设与发展，国家给予了很大的支持。十六届五中全会上，提出了“以人为本”的思想，在高校中时刻要“以学生为本”，始终以这种精神去培养和塑造人才。当然，这对高校辅导员队伍提出了更高的要求，对其思想理论水平、管理能力等都是一个很大的挑战。通过分析当前现状，逐步贯彻落实党中央所发文件中的精神，不断提出对策，解决问题，建设出一支具有深刻思想发展水平、扎实理论知识、具有强大业务能力的辅导员队伍，不断促进学生的全面、稳定发展。

二、辅导员教育工作面临的挑战

（一）多元文化冲击给辅导员工作带来的挑战

随着时代的发展，科学日新月异、文化不断交流融合，东方与西方、先进与落后、传统与现代的文化不断进行交流与碰撞，严重影响了当今大学生的生活方式与思想观念，使大学生群体出现了很多新的问题，给辅导员带来了新的挑战。

在新的时期，辅导员必须要紧跟时代的脚步，适应时代的发展，坚定社会主义的理想和信念，不断提升自己的业务水平与能力，积极地引导大学生始终坚持正确的发展道路。

（二）新时期大学生思想政治教育给辅导员工作带来的挑战

新时期以来，国家发布了《中共中央国务院关于进一步加强和改进大学生思想政治教育的意见》，这是国家对于大学生思想政治教育与管理方面的重要文件。《意见》对辅导员的职责做了明确要求，要求其坚持“以人为本”的理念，从各个方面对学生进行教育与引导，促进其全面发展。同时，辅导员自身要不断学习，增强自己的思想道德修养，提升自己的政治觉悟。对于辅导员来说，这是一个比较艰巨的挑战。知识教育与思想政治教育孰轻孰重，如何把握二者之间的关系，怎样引导学生去正确处理，是一件非常具有挑战性的事情。因此，辅导员必须要不断学习，不断充实自己，深刻领会国家文件中的相关精神，并坚决贯彻执行。

（三）世界性道德危机给辅导员工作带来的挑战

1995 年，当时的社会正面临着道德危机。无论是发展中国家还是发达国家，都对大学生的道德问题感到很苦恼。俄国青年有着顽劣不堪的性格，他们好斗、残忍、有怨恨心理，对什么都无所谓；日本青年有自杀、逃学、校园暴力等行为；法国青年成天无所事事、花天酒地、浑浑噩噩，没有理想和目标，被称为“被牺牲的一代”；美国青年对于社会漠不关心，仅仅强调权利而不履行义务……这些问题不断地存在于各个国家之中，且愈演愈烈，已经成为人们所关注的焦点。这种世界性的道德危机，严重影响了学生们的三观，带来不好的社会风气。我国高校的学生不可避免地也受到了这种世界性道德危机的影响，产生了一些问题。

社会道德危机、高校学生素质下降等问题对辅导员队伍提出了更高的要求。要解决他们面临的问题，根本原因还是要不断提高自身的综合素质，同时建立健全辅导员制度，建立一个科学公正的奖罚制度，促进学生健康成长。

三、落实辅导员教育工作方法实施与创新的途径

高校辅导员要关心学生的学习和生活，同时在这个基础上对其进行思想政治方面的教育，关爱学生，照顾学生，引导学生，促进其全面发展。同时还要了解

不同学生的情况，具体情况具体分析，针对其不同的特点使用不同的教育方式，对症下药，对于心理上存在问题的学生要尊重他们，耐心劝导，以避免对学生造成更严重的心理伤害。同时，高校辅导员工作的方式方法不能一成不变，要不断地学习与创新。

（一）掌握学生信息，坚持因人施教

想要教育学生，首先要了解学生。认识是发展一切的前提。对待高校内的学生，辅导员要了解和掌握他们的个人情况，要做到经常性、全面性和及时性。在这个基础上，才可以更好地解决遇到的问题，知己知彼，百战不殆。所谓经常性是指要周期性地对学生的情况进行了解，因为当前学生正处于心理与生理飞速变化发展的阶段，每一个时期的心理状况是不一样的，辅导员不能仅仅依照之前掌握的信息来对现在的他们进行判断。所谓全面性是指辅导员要全面了解学生个人及其整个班集体内的各种情况。在了解学生个人的情况时，要从其性格、家庭、学习、兴趣爱好和思想等方面进行了解。在了解班级情况时，要了解班集体内的学习情况、思想情况、班级构成情况，等等。所谓及时性是指针对学生出现的各种情况要及时掌握，妥善处理各种问题。针对不同的学生采用不同的方法，可以采用谈心、听课、抽查学习档案等方法。对学生进行教育时，最好采用他可以接受的方法，否则不但没有成效，反而会造成相反的效果。

（二）掌握年级特点，有的放矢地工作

不同年级的学生具有不同的心理、生理以及思想特点，对于处在不同心理发展阶段的学生，辅导员要掌握其心理特点，对症下药。一年级的学生摆脱了繁忙的高中生活，刚刚来到大学。对于他们来说，一切都是新奇的，新的学校，新的朋友，新的教学方式，这是一个新的起点。面对未知的生活，他们是热情的、充满幻想的，但同时他们的思想也是不稳定的，这就需要辅导员来帮助其进行调整。辅导员首先要帮助一年级新生尽快适应大学生活，同时还要对其宣传各种法制法规，帮助其养成遵守纪律的好习惯。另外，要对新生严格要求，只有一开始的基础打得牢固，之后的工作才会更加容易地开展下去，形成良性循环，否则就会影响之后的整个大学生活。二年级的学生思想已经逐渐趋于稳定，经过一年的时间，他们对这个学校已经足够熟悉，开始对于独立有了更高的要求。然而由于其仍处

于心理发育期间，性格仍然较为天真，在心理上对于友情与理解更加渴望，同时由于理想与现实的鲜明对比，容易出现消极、苦闷、焦虑等现象，逐渐暴露出各种不良习气。辅导员对其进行教育时，首先要抓住主要矛盾，为之树立一个良好的形象；其次要传递并帮助学生建立正确的三观；最后要健全学生的心理状况，帮助其建立健全人格、保持良好情绪、发展人际关系。三、四年级的学生已经有了比较强的成人意识，相较于之前更加独立，知识与能力得到增强，自我意识浓厚。但是有一部分学生仍然玩世不恭、思想空虚。在这个时期，辅导员首先要做的就是帮助他们树立正确的择业观，搞好就业问题；其次就是要提高其心理承受能力，帮助其正确看待挫折；最后就是要做好毕业前的教育工作，帮助学生提早了解、认识社会。

（三）掌握心理知识，培养良好素质

美国一位教育家曾经调查了社会各界的许多名人，最后得出一个结论，一个人的成功并不是由他们的专业技术与学识决定的，而是与他们的心理素质与处理人际关系的方式有关。在人才竞争中，主要存在两个问题，一个是人才数量，一个是人才质量。心理健康与人才的质量有关。现如今，心理健康越来越被人们所重视，中共中央发表的文件中提出要通过使用各种不同的方式方法来对学生进行心理健康教育。不同年龄层次的学生都需要心理健康指导，这可以帮助他们更好地适应社会，增强其心理承受能力，健全其人格。另外，如今社会高速发展，人际关系越来越复杂，人们的生活节奏也越来越快，这给人们带来了很大的压力，社会上很多人都处于亚健康状态。不可避免地，高校学生也受到了很大的影响。高校学生本就在生活和学习方面容易受到困扰，加之即将步入社会的压力，甚至有些学生还出现了一些心理问题。辅导员要想解决这些问题，绝对不能仅仅使用空洞的说教与行政方式进行劝导，而是要通过一些心理学方面的知识来帮助学生解决心理问题。

第三章　大学生特点分析

本章主要对大学生的特点进行分析阐述，共包含三个方面，分别是大学生的心理特点、大学生的思维特点与大学生的行为特点。

第一节　大学生的心理特点分析

一般来说，大学生处于18~24岁这个年龄段，在这个阶段，大学生的生理各器官发展接近成熟或者已经达到成熟，这证明他们可以独立地进行学习与生活。同时，生理上的成熟也会对心理的发展变化造成一定的影响。首先，大学生越来越要求独立自主，逐渐向成人迈进。从体态上看，此时的大学生身高体重和生理器官发育等，逐渐趋于稳定，越来越展现出一种成熟感，他们强烈要求独立自主，摆脱他人的干涉。其次，大学生充满了热情和青春活力。他们生机勃勃、一往无前，对于很多东西都想尝试，产生了很多新的需求。这种需求不仅是物质上的需求，更多的是精神上的，比如希望自己独立、希望自己成功，渴望多姿多彩的文化生活，等等。他们坚信未来是属于自己的，只要肯努力去创造。他们不断地展示自己的能力，渴望创造出成就。再次，大学生目前的生理已经很成熟了，但其心理还尚处于一个将熟未熟的阶段。由于生理上的成熟与心理上的不成熟，大学生很容易陷入积极与消极的矛盾中。这种处于大学生自我意识中的矛盾，辅导员应该有一个比较深刻的认识，这样才可以有的放矢。

大学生此时面临的一个重要任务就是如何使自己的心理成熟，成为一个真正独立的生理与心理上双重成熟的成年人。在大学时期，不像高中生活得那么压抑与封闭，这是一个需要不断与外界交流的时期。在大环境的影响下，大学生的自我人格开始重构，三观逐渐形成，经过心理的不断发展，大学生逐渐由边缘人变为成人，完成了“第二次诞生”。

一、大学生自我意识逐渐发展并不断增强

大学生自我意识的发展与增强是个性发展的前提和基础，其发展水平的高低是心理健康和人格成熟与否的一个重要标志。大学生的自我意识从整体上来说，其发展水平是较高的，已经经历了青年早期的急剧发展变化而进入相对稳定的阶段。但大学生自我意识的形成与发展并不是一蹴而就的，一般都要经历一个由强到弱、由激烈到平稳、由典型到不典型的自我分化—矛盾—统一的过程。这样大学生才能从幼稚走向成熟，形成相对成熟且稳定的自我意识。

（一）自我意识发展

1. 自我意识的分化

在自我意识的发展过程中，自我分化是大学生心理走向成熟的一个标志。这个时期的自我分化将原来模糊的“我”打碎，出现了主观的“我”（I）和客观的“我”（Me），开始意识到自己不曾注意的许多“我”的细节。“理想我”和“现实我”分化，这种自我意识的分化能够帮助大学生进行内省和思考，从内心开始审视自己的行为与思想。同时它也带来了一些挑战，对于大学生来说，他们时而会感到迷茫和焦虑，不断地进行沉思，渴望被认同与理解。

2. 自我意识的矛盾

自我意识的分化带来了一些矛盾，比如理想与现实、主观我与客观我、上进与消沉，等等，这些矛盾使得大学生的内心会产生很大的痛苦和不安感，对自我的控制常常是不果断的，出现了很大的适应困难，但这是个体迈向成熟所必需的一步，是必要的、必然的。

3. 自我意识的统一

自我意识分化会出现自我意识的矛盾，这令许多大学生都感到焦虑与痛苦。为了摆脱这种状态，就需要将自我意识统一起来，将“理想我”与“现实我”“主观我”和“客观我”相统一。

大学生的个人性格、学习水平、最终目标、所处的家庭社会背景等都是不同的，因此其自我意识发展的途径也是不同的，自然，自我意识统一的结果与类型也是不同的。一般情况下，主要有以下几种结果或类型。

（1）积极的统一：自我肯定

在大学生中，这种类型占绝大多数。在能够正确、全面地认识“现实我”，同时准确、现实地确立“理想我”的情况下，自我意识的统一就是“积极的统一：自我肯定”这种结果。在对自身认知比较明确的情况下，树立一个比较准确的、经过努力可以达到的目标，有助于出现积极的结果。在实现理想目标的过程中，要时刻总结经验，不断进行自我调节。自我意识统一之后的完整的自我是有力的，不仅能够促进自身成长，同时还能够适应社会的发展需求。

（2）消极的统一：自我否定与自我扩张

在大学中，这种类型的学生占少数。当大学生不能正确地评估自己时，自然也就不能正确地认识“现实我”，同样也无法树立“理想我”的目标。因此，以这种方法形成的统一是消极的，是不完整的。

当大学生产生自我否定的结果时，这表明他评价“现实我”时常常会低估自己，导致“现实我”与“理想我”的差距过大，常常处于一种比较消极的状态。他们通常缺乏自信，缺乏自制力，无法认清自己的价值。他们无法改变自己的现状，使自己实现“理想我”，但是为了得到自我意识的统一，只能使自己趋近于“现实我”，但是这样又会使自己更加不自信。

当大学生产生自我扩张的结果时，这表明他对于“现实我”的评价过高，无法真实准确地评价自己。他的“理想我”与“现实我”的统一是虚假的。这种人常常带有白日梦的性格特点，沉溺在虚幻中不可自拔，无法认清真实的自己，而是频繁使用幻想中的自己替代真实的自己。在这种情况下，个人所追求的学业、事业、友谊和爱情都因为自己的主观条件与客观事实之间的差距较大，因而失败的概率比较大。这类人容易产生心理变态行为，严重者可能会导致反社会行为，用违法犯罪的手段来谋求自我意识的统一。

（3）难以统一：自我矛盾与自我萎缩

由于无法像正常大学生一样达到自我意识的统一，因而这部分大学生在一般情况下，发展的结果有两种：自我矛盾型和自我萎缩型。这两种类型的人在大学中只占极少数。

自我矛盾型，顾名思义，是大学生缺乏“我是我”的感觉，内心极其矛盾，认为“我非我”，会在自我意识中产生一定的分离倾向。长久以往，对自我的认识与体验会越来越匮乏，无法进行稳定的自我控制，从而导致难以建立新的积极的自我，也无法实现自我意识的统一。

自我萎缩型的大学生常常较为自卑，由于他们对“现实我”极度不满，非常缺乏对于理想自我的想象和创造力。自我拒绝的心理使得他们自怨自艾、自我放弃，如果置之不理，很容易使他们出现更加严重的心理问题。

通过上面这些内容的讲述，我们可以大致发现自我意识从分布到统一的过程。但是不同的大学生起点是不同的，经历的过程是不同的，最后形成的结果也是不同的。在这个过程中，会受到很多因素的制约，比如不同学生的自我分化早晚、性格特点、身心发展水平、生活经历等，都是不同的，另外，自我意识的发展是终身的，始终遵循着分化—统一——再分化—再统一的规律。即便在青年阶段进行过分化统一，未来也还是会继续发生的，但是之后的发展是比较稳定的，并不像青年期那样突出和不稳定。

（二）自我意识的增强

自我意识是自己内心发出的、围绕自己的一种评价，这种评价可以针对自己本身，也可以针对自己与周围的关系。它的形式有很多种，比如自我评价、自我观察、自我教育，等等。对于人的个性发展来说，自我意识是非常重要的，对于其性格、兴趣、意志、道德观念的形成等，都有着影响作用。大学生自我意识的增强主要表现在以下几个方面：

1. 自我认识更加深刻

人总是处于不断地认识自我的过程中。随着大学生们逐渐成熟，他们更加迫切地思考各种问题，亟待认识自我。比如，“我应该成为怎样的人”“我为什么是这样一个人”“我的前途究竟如何”，等等。通过思考这些问题，使他们更加主动地去认识自己，极大地扩展了自我认识的深度和广度。人不仅在关注自己外在的举止与外表，同时还关注自己内在的性格与能力，同时对于自己在社会中所处的位置与关系等也会颇为关注，比如社会地位、社会角色、人生价值，等等。通过反复不断地审视自己以及进行一定的学习思考，大学生逐渐能够掌握使用各种层次和角度去认识和分析自己，从而明确真实的自我，接纳不完美的自己。这样才能够在实践与学习的过程中，逐步达到社会的期望，形成良好的品质，自觉进行自我评价，畅想自己的未来，并为自己规划未来的发展方向。

2. 自我评价日趋完善

在进行自我评价时，大学生一定要找一个对手作为参照物，这样对自己的评价才会更加准确全面。大学生在对自我进行评价时存在着一定的片面性，最终形成的自我评价与真正的“现实我”可能存在一定的差距。这是因为大学生对自我的认识还不够准确，有的人对自己评价过高，而有的人对自己评价过低。大学生应该采用多种方法，从各个角度和层次去认识自己、分析自己，这样才会更全面、更准确地了解自我、接纳自我。要学会根据同学、老师以及社会对自己的要求去不断地评价自己，这样评价出来的结果也会更加真实。

3. 自控能力显著增强

自我控制就是主我根据情境对客我在思想、言语、行为等方面的控制。自我控制要求大学生首先要将社会标准、期望与条件各方面综合起来，然后明确自身的意志力，然后大学生开始规划和设计自己的目标和计划，并按照目标和计划开始实行。在实行过程中，目标和计划并不是一成不变的，而是根据反馈回来的信息，将不符合自身的目标和计划进行改进与调整，在不断执行与反馈的过程中，活跃自己的心理机能，最终得到一个符合自己的、真实的计划和目标。

二、思维能力高度发展，各种认知能力均已达到较成熟的水平

由于大学生学习的知识越来越多，涉及面越来越广，其抽象逻辑思维也受到了更全面的锻炼。随着思维的不断发展，“理论型”抽象思维越来越受到人们的喜欢，并开始处于主导地位。大学生们越来越喜欢相对来说比较系统化的理论论证，开始追求专业中的理论深度，同时对于探索事物的因果规律也越来越感兴趣。

（一）思维的独立性增强

大学生思维的独立性很强，他们不仅仅能够理解已经获得的知识，还十分擅长获取各种知识。在遇到未知领域时，他们会想尽办法获取自己所需要的知识来理解和分析未知。

（二）辩证逻辑思维开始发展

辩证逻辑思维的主要特点是反映事物之间的相互区别，是用来反映事物之间

相互连续、相互静止、相互运动的关系的。它是对客观现实本质联系的对立统一的反映，是一种科学的思维方式，以辩证法为核心。通过辩证逻辑思维去看待、认识事物，采用不同角度和侧面进行分析，进而把握住不同事物之间的因果与逻辑关系，从而能够比较正确地认识到事物的本质及其发展规律。

（三）创造性思维逐渐确立

创造性思维是一种突破性的、发现性的、首创性的思维方式。它是指一个人通过发挥复合思维、发散思维以及远距离的联想能力，并且使用一种较为创新的方式来解决问题的思维过程，这种过程十分复杂。由于大学生还比较年轻，思维比较富有创造力和创新性，因此，通过使用创造性思维，大学生可以逐渐地发现、认识和利用规律。为了促进大学生创造性思维的发展完善，教师要多多引导，通过布置一些任务，有意识地培养他们思维的流畅性、变通性和独立性。

三、情感和意志接近成熟

随着时间的流逝，大学生们对校园生活不断深入，各种社会性需要逐渐变多，此时的大学生们有着十分丰富的社会性情感。他们生机勃勃、充满朝气、对未来充满憧憬与希望，美感与道德感也逐渐变得成熟，并且开始占据主导地位。大学生们的这种情感还具有社会性、政治性和时代性。这种情感不仅体现在日常的学习和生活中，还体现在他们对同学、老师和家长的态度上。大学生们心系国家、拥有崇高的理想，他们对未来充满希望。起初他们的心境还不平稳，情绪外露，容易被他人所干扰。随着时间和环境的变化，他们的内心逐渐趋于平稳，也学会了如何控制好自己的情绪。他们能够比较独立地处理一些生活与学习中的问题，在此期间，他们的意志力也得到了很大的促进。但是，他们在情感发展方面仍然存在着一些问题，主要表现为：①在遇到某些突发情况时，情绪波动仍然比较大，而且在某个情境中甚至会出现难以自控的情况。由于情绪过于外露，大学生们时常会感到烦躁苦闷。并且这些情绪的不定性还会使他们陷入脑内情感与理智的互相拉扯之中，十分苦恼。②在遇到某些问题时，大学生的意志水平往往是不稳定的和不平衡的。在做决定时会表现出过于武断或优柔寡断的心态，甚至盲目从众。内心心境的好坏会影响到学生的意志水平，当心境比较好时，其意志水平较高；

心境差时，则意志水平较低。

通过上面这些内容可知，目前大学生的心理还尚未真正成熟，而是处于成熟与不成熟之间的一种过渡状态。这种介于成熟与不成熟之间的心理状态，值得学校多加关注。因为，他们心理上尚未成熟的一面对其人格的发展与思想品德的形成具有限制作用；而成熟的那一面有助于学校老师引导他们完成人格的发展与良好思想品德的形成。所以，学校要正确认识其心理发展的特点，制订好切实有效的工作计划并执行。不能因为其心理成熟而对他们的管理过于宽松，也不能因他们的心理尚未成熟而一味谴责。要因人施教，对不同心理状态的学生采用不同的方法。大学生要学会正确认识自身的心理发展特点，尤其是自己尚未成熟的那一面，然后通过科学的自我评价以及训练，自觉维护自身心理健康。

第二节　大学生的思维特点分析

一、思维活动概述

人类复杂多样的思维是由于社会实践和个体活动的需要不能直接得到满足而产生的。思维活动是人类心理活动中最复杂而又最为重要的一项活动。一方面，思维能反映事物的本质属性；另一方面，作为脑的高级机能的思维，思维自身却具有不同于一般客观事物的成分、结构、活动方式和活动规律。它以其独特的方式反映事物，如借助于动作、知觉、表象、语言等种种信息或符号来分析、综合、比较、抽象、概括、进行判断和推理，以达到揭示事物的本质属性和规律的目的。

由于思维活动的特殊性，引起了哲学上关于思维活动能否正确反映客观事物的属性和规律的一系列争论。这种争论由于人为的和客观的原因至今仍然无法休止。人确实不能一次或几次就轻而易举地把客观事物的各种属性和规律认识无遗，借助于各种信息或符号进行的思维过程或活动，随着个体在实践或活动中的发展、深化，具有不同水平或程度，或者可以说具有不同层次或等级。思维只是逐步地、较全面深入地反映客观现实。从人类思维发展的角度看，人既需要通过学习掌握人类历史上不断积累起来的知识、技能和方法，以便从新生儿的没有思维、不会思考逐步具备思维能力，并逐渐提高思维的水平，即必须从有规律可循的思维入手。然而，由于自然界和社会环境以及个体内部等无数随机的刺激或信息的作用，在具体的实践或活动中，个体又必须在有规可循的基础上去处理许多过去无规可循的、从模糊到清晰、从具体到抽象、从简单到复杂、从直接到间接、从原来无解到可能有多种解答方案的各种各样的情境。这样才能理解、适应种种现实。这种一时还无规可循的思维活动，往往包括从发现问题到解决问题的复杂思维过程。人脑具有的这种高度的思维能力，使人类能间接认识不能直接观察到的那些宏观和微观的事物的本质属性和规律。这就扩大了人类的视野和知识范围，同时也提高了人类本身的能力，使人类不但能日益理解、适应现实，也能改造甚至创造事物。

遗憾的是，尽管人类已使用自己的思维在各方面获得了巨大的成就，心理学在无规可循的情况下研究人类的思维过程如何运转，却只是刚开始。这项工作才刚刚得到重视，尚没有很细致、有规律、有步骤、有系统且多方面地进行研究。满足于现成规律系统和方法的运用，不但不足以应付日益复杂的社会生活的需要，且有可能被已掌握的知识、技能和方法所束缚，导致作茧自缚、故步自封的局面。因而，既研究有规可循的思维活动、也探索无规可循的思维活动的规律性，不但对于从无到有掌握思维规律的少年儿童十分重要，对于千千万万为祖国的未来拼搏、为祖国前途做贡献的青年尤其是大学生来说也是极为重要的。

二、大学生思维特点

思维力是指通过一些形式，比如推理、判断等，来解决问题的能力。也可以说是人的大脑通过对一些事物的本质与规律进行概括与反映的能力。思维力具有逻辑性、创造性、深刻性和独特性，它是智力的核心内容，在大学生的智力中占有十分重要的地位。它的作用是统筹记忆力、想象力和观察力，对人体本身获得的一些信息进行加工。大学生思维力的发展特点主要表现在以下几方面：

（一）抽象思维进一步发展，理论型逻辑思维和辩证逻辑思维逐渐占主导地位

人在不同的年龄阶段，会有不同的思维。思维的发展过程是从低级到高级、

从具体到抽象的过程，其中要经历三个阶段，即直觉行动思维—具体形象思维—抽象逻辑思维。尽管在初中阶段，学生们的思维开始向着抽象逻辑思维发展，但是尚未发展完全，学生们还是处于“经验型”的阶段，在理解抽象性时还需要直观具体的感性经验的帮助。高中学生，他们的抽象思维从经验型向理论型转化，并开始形成辩证思维，这时，他们已掌握了较多的抽象概念、原理和法则。到了大学阶段，面对着数不清的各种新的经验知识，学生们的抽象概括能力得到了锻炼与发展。通过抽象概括能力不断掌握各种公式、原理、概念等，并运用它们来解决各种实践问题。同时，在学习中，讨论和思考问题之时从多个角度和层次进行分析，依照事物的发展逻辑，以期得到更加明确的认识，揭示事物的本质与它们之间的相互联系。这使得学生们的抽象逻辑思维进一步提升，从而使理论型逻辑思维与辩证逻辑思维逐渐占据主要地位。但要时刻注意，此时大学生的抽象逻辑思维能力尚处于发展之中，并没有达到成熟的水平。

（二）创造性思维有了明显发展

创造性思维是指能够产生出之前没有出现过的、创新性的成果的一种思维。它也可以揭露事物的本质和规律。在大学期间，大学生不仅要学习各种理论知识，还要学会自己去探索知识，这就需要培养一种创造性的思维。因为，知识是不断变化、不断更新的，大学生不能仅仅从老师那儿被动地接受知识，更为重要的是要学会自己去探索知识，这样才能够真正地适应知识的更新变化。大学是教学和科研的中心，不仅拥有经验丰富、教学能力强的老师，还有许多现代化的实验室和仪器设备。这为培养学生的创造性思维提供了十分优越的条件。通过教师的指导与自身的学习实践，他们逐渐掌握了更多的经验与知识，理论与实践水平不断发展，同时也促进了创造性思维的不断发展。有研究表明，大学生的发散性思维已有较大发展，他们在图形、符号、语义三方面单位时间内发散量较大，思维流畅性较高，变通性和独立性也达到一定水平。大学生能够灵活运用各种思维能力，提出独特的创新性设想与方法去解决各种问题等，这都有赖于创造性思维的发展。

（三）思维的独立性和批判性进一步增强

大学之前，各种学习活动都是比较被动的，学生们比较依赖教师。而到了大学，各种学习活动由被动转为主动，学生们更加独立自主。因此，随着各种思维能力的发展，他们思维的批判性和独立性也不断发展起来。逐渐地，他们放弃了盲从，开始使用批判的眼光看待事物，不断地怀疑和思考，寻求事物的本质。他们也更加大胆，开始提出自己的意见和见解，并进行自我评价。

（四）思维的广阔性、深刻性显著提高

随着大学生理论知识以及生活经验的不断增长丰富，他们思考问题的角度与之前有很大不同。他们的视野不断开阔，思维也不断拓宽，如今，他们能够从不同的角度和层次去思考和分析问题，思考问题的范围也在不断扩大，逐渐扩展到很多不同的理论实践领域。他们不仅思考专业知识的问题，还思考各种社会现象；不仅思考政治、经济、文化等各个方面的问题，还思考个人、学校、国家等方面的问题。在对问题进行思考时，他们并不浅尝辄止，而是进行更加深层次的挖掘，不仅知其然，还要知其所以然，不断探索事物的各种发展规律。大学生能够更加灵活地从各个角度看待问题，其思维的深刻性和广阔性不断被增强，同时思维也变得更加敏捷，能够更快地解决问题。

第三节　大学生的行为特点分析

一、行为的概念

从根本上来说，行为是指一个人的言与行。简单来说，机体外观表现出来的各种动作都属于行为，比如动作、反应、表情，等等。一切的行为都是由机体产生的，机体通过行为表现自己内在的一些心理倾向，然后将内心的情感体验与心理倾向附着在行为之上。它的激发、调节和维持都受到动机的制约。其中，行为可分为两种，其一是机体通过遗传所得的先天行为，如本能行为、饮食行为、防御行为、睡眠行为、性行为等；其二是个体在社会环境生活中的各种行为，如群体行为、社会态度、人际交往、经商行为、行医行为等。

关于人体内心心理倾向与行为的关系，在心理学上也有如此说明。在行为主义理论的行为模式上，人的心理出现问题，这些心理病理变化会表现在他的变态行为上。所以，通常所说的治疗目的就是消除这些不好的、对人有害的行为。人

们在某种条件下经常出现的行为称为习惯。根据行为主义的观点，人的习惯是通过学习获得的，好的习惯、适应性习惯是学习得来的，同样，不良的习惯或不适应的习惯也是学习得来的。

行为的产生是受情绪和动机影响的，反之，行为对情绪和动机也会产生影响，而情绪和动机就是心理的构成要素。由此可见，心理与行为是相互影响的。养成良好的行为习惯有利于健康心理的保持，一旦行为出现了失控，必然会引起心理的不适，改变不良行为就可以调适不良的心理状态。人的行为可以由别人或者自己进行观察、描述和记录，并可以通过观察、描述和记录进行测量，因此，我们在了解人的心理时，往往是通过对行为进行观察、描述和记录的方式，在调适人的心理时，也常常从调整人的行为着手。

二、大学生行为的特点

随着各种外在的表现如身高、体重的增长以及性的成熟，大学生逐渐意识到自己是个成熟的大人了，同时这些外表体态的表现也促进了他们内心体验上的成熟。因此，大学生们开始强调独立性，并在行为中表现出来。他们朝气蓬勃、思维敏捷、富有创造性精神，提出了各种需求。比如在精神方面，他们关心政治、渴望获得成功。他们深信自己的力量，不断展现自己的能力。但是，他们的心理还没有很成熟，特别是在对待社会问题以及性的问题上。因此，他们做出的行为可能并没有经过理性思考，会产生一定的影响。因此，大学生的行为既有积极的一面，又有消极的一面。其中消极的一面指的是他们的情绪可能会有些偏激，无法全面、客观地看待事物。积极的一面是指大学生在做出行为时也是在不断地走向成熟。

大学生的行为可分为两种，即内潜型行为和外显型行为，不同的行为具有不同的特点。

（一）大学生内潜型行为特点

1. 认知方面的特点

认知带有明显的批判色彩，它是指某人对周边环境产生的一种较为简单的理解。它的发展过程包括四个阶段，即两重性阶段、多重性阶段、相对性阶段和约定性阶段。在“两重性阶段”，大学生们对周围的环境会产生一种比较新奇的感受，开始做出对与错的判断，做出定性的分析。到“多重性阶段”后，他们成长了，也开始了解到外部的世界是复杂的，每个人都有权力对外界的事物发表自己的评论和看法。到了“相对性阶段”，大学生们的认知得到了更进一步的明确，任何事物都不能简单地被定性为对与错，而是应该根据不同的事物进行不同的分析。当大学生进入最后一个阶段，即“约定性阶段”时，面对某种事物进行判定就要针对自我价值来讨论，即看对于本人而言它是正确的还是错误的。因此，大学生的认知过程是不断发展的，由开始的简单定性分析，再到具体情况具体分析，到最后根据自我价值进行判断。这表明，认知过程具有批判性。

从上述的认知发展过程可知，大学生们具有创新精神，他们讨厌无意义的说教，敢于发表自己的言论观点。因此，学校应该要尊重他们的想法，遵循其认知发展规律，避免空洞的说教，言之有物，采用各种形式与同学们一同探索、学习知识。

2. 兴趣爱好方面的特点

每个人有不同的兴趣爱好，兴趣是指对某项特定的事物表现出的一种内心情绪上的愉悦。大学生们通常对很多东西感兴趣，因而对周边充满了好奇心和求知欲，这对于他们来说是有益的。但是，如果兴趣过于繁多，则可能会导致三天打鱼两天晒网，从而半途而废。另外，如果过于沉迷不良的兴趣爱好，还会使大学生荒废学业。

3. 情感方面的特点

当人们面对某些客观事物时，将它与自己内心的需求相对比，此时产生的契合度便会对人的内心产生重要影响，产生的这种影响就是情感。大学生们由于尚未真正地成熟，因此在遇到某些事情时，就会受到生理与心理的某些影响，从而产生一些比较剧烈的情感，且难以控制。由于心理不成熟，且尚未真正走上社会，当遇到某些问题时，大学生们可能会比较偏激，难以承受压力，不能将自己的情感及时调节到一个比较良好的状态，容易诱发一些心理上的疾病。因此，这对高校辅导员以及心理健康教师提出了更高的要求。

（二）大学生外显型行为的特点

1. 学习行为特点

大学生的学习行为存在专业性、探索性、自主性、系统性等特点。在大学内，一个班级都是同一个专业的学生，学科课程也是根据专业的特点来设置的，另外，最终的培养目标与课题都是要按照专业性的需求来设置的。因此，专业性是大学生学习行为中最突出的特点。其次，大学教育并不像之前初高中一样封闭，而是更加具有开放性。大学生不仅仅只是通过老师的传递来获得知识，更重要的是要学会自主获取知识，积极主动浏览学术行业动态，关注学术前沿，等等。这能够体现出大学生学习行为的自主性和探索性。另外，大学的课程安排是系统性的，课程由易到难，由概要到细化，形成一个整体；大学的课程不仅只包含专业课，还有基础课、公共课等，共同组合在一起构成了一个完整的课程体系。

2. 社会实践行为特点

在社会实践活动中，实践性是一个十分明显的特征。在大学中，学生们所处的环境比较简单，学生们无法接触到真正的社会。因此，高校会组织很多社会实践活动，如支教、科技下乡、社会调研等。通过这些活动，学生们从学校走上社会，既锻炼了自己的实践能力，提高了人生的价值，又增强了对国家的感情以及自己的社会责任感。在社会实践过程中，学生们培养了自己吃苦耐劳的精神，还获得了人们的称赞，这对于锻炼他们的品质也是十分有益的。学生们通过自己的理论知识不断锻炼自己的实践能力，同时还可以发现自己的不足，及时改正。另外拓展性也是社会实践活动的一个重要特征。在社会实践活动中，大学生们遇到困难之后，可以通过互相之间的交流团结协作，凭借群体的智慧不断开拓创新，最终解决问题。由于在社会实践活动中，大学生们不断锻炼自己、磨炼自己，无论是知识能力层面，还是品质精神层面，都获得了极大的提升。

3. 大学生社交行为特点

大学生们虽然在外表上看着与大人无异，在生理上也比较成熟，但是他们在心理上还尚未成熟，社交能力较弱。因此，内心的社交欲望就会衍生成多种交流方式，比如社团、校友会、班级群游等。这些交流的形式大都是比较偏情感方面，是通过大学生之间的认同感、兴趣等进行组织的。在这种情况下，大学生们更乐意自愿地进行互相交流，同时自身的交际能力也在不断地提升。但是，此时大学生们的性心理已经成熟，在与异性交往时，可能会由于情感的模糊而发生感情上的错误，导致一些矛盾的发生。

4. 大学生消费行为

大学生的物质花费主要来源于父母，他们目前为止还没有完全独立的经济能力。他们的消费行为往往会更容易受到强烈情感的支配，在并未考虑太多其他的情况下，冲动地进行购买。同时还会受到周围环境群体的制约，在学生群体内，形成一种比较流行的趋势，最终完成对商品的购买。

第四章　辅导员工作加强大学生思政教育

本章为辅导员工作加强大学生思政教育，第一节为高校思想政治教育概述，第二节为高校思想政治教育主要内容，第三节为辅导员加强学生思政教育的方法，通过高校思政是什么、有什么、怎么做三方面分析了辅导员在高校思政课程中的重要位置。

第一节　高校思想政治教育概述

思想政治教育学是对人们的思想行为进行观察和研究的一门科学，它探索人类思想行为的变化规律，同时指导人们形成正确的思想。其中研究的重点是人的思想观念与立场的转变，以及世界观与人生观的形成规律。

一、思想政治教育的概念

在定义思想政治教育这个问题上，学者们有不同的观点。有些学者认为思想政治教育是要引导人们通过思想政治教育的学习，树立正确的世界观、人生观和价值观。当然，也有很多学者认为开展思想政治教育活动是因为每一个人都是社会中的一部分，部分服从于整体的同时，也能够推进整体的发展。综合来讲，就是思想政治教育要先对个体进行教育和指导，只有个体思想进步了，才能够推进整个社会思想的进步。思想政治教育具有鲜明的特征和内容。

（1）具有强烈的政治性

思想政治教育主要对受教育者进行马克思主义思想的强化教育，使每一个公民都坚定中国特色社会主义的理想和信念，坚持走中国特色社会主义道路。通过政治性来确保马克思主义思想的长期指导地位，保证我国社会主义建设事业的持续发展与进步。

（2）具有显著的思想性

即用国家的大政方针、理论政策，以及党和政府对中国特色社会主义事业的最新理解、最新理论对受教育者进行思想政治教育，保证受教育主体更加认同党和国家现行的大政方针、政策。

（3）具有明显的道德性

思想道德会对整个人类社会产生深刻的影响，受教育者接受思想政治教育后，脑海中就会形成一根无形的线，即社会基本道德规范，这根线可以约束、指导人们。强化个人的政治性、思想性和道德性，就能为社会主义事业建设培养出所需的人才。

进入21世纪以来，各种思想文化绚烂多彩，高科技技术不断发展，东西方的文化与思想也在不断交流碰撞，这些纷杂的信息不断冲击着人们的大脑，同时也在不断影响着人们的价值观。思想文化的多姿多彩，给人们带来了新的困境。面对如此丰富繁杂的文化，如何从中选择最适合自己的那一个？这种背景时代给我国的思想政治教育提出了新的要求，如何与时俱进、不断创新，从而适应社会以及思想的各种变化，这是目前需要考虑的问题。

在高校的思想政治教育之中，辅导员要始终坚持将受教育者作为主体，时刻关注他们的思想倾向，传递给他们正确的理论思想，同时不断创新，为之后的思想政治教育工作做准备。

给人们做思想工作，就是指将人们脑海中那种错误的观点和看法进行纠正，在与之对话时不断地进行引导，将他们引到正确的思想面前。然后再通过不断地交流，使他们能够真正了解正确思想的内涵。思想工作的内容有很多，范围也很大，包含各个方面，比如国家方针政策、家庭居家日常等。思想工作注重不同人之间的思想的交流与碰撞，其中思想交流的方式是多样的，比如一对一、一对多、多对多，等等。思想工作主要是为了帮助那些思想与自身发展比较矛盾的人，以及那些与思想与社会发展相矛盾的人走出困境。思想工作并未对思想发展有较多的限制，而且还有助于文化的传播。

为了保证国家一切工作可以良好有序地正常发展，对人民开展政治工作是有必要的。政治工作主要包含两方面，一方面是国家具体方针政策的实施；另一方面则是对于人民思想上的指引。有组织、有纪律地对人民进行长期的政治工作，有助于贯彻落实国家的政策目标。另外，政治工作具有强制性，当某些方针政策于国于民有利时，可以由政府强制实施。在现实生活中，对于政治工作要抓紧落实，当发现某些有害的思想与行为时，要能够及时指正。

思想政治工作是上述思想工作与政治工作的结合体，包含着二者的特点，互相交流融合在一起，互相影响。党的意识形态内容并非落在生活中的某一面，而是体现在生活中的每一面。这样才可以使人民更加全面更加深刻地了解它的内涵，从而与社会主流思想融合，使每一个社会个体都发挥出自己的个人生产力，然后汇聚在一起，共同推进着社会的进步。

思想政治教育和思想政治工作，是两种不同的说法。尽管它们看起来有些相似，含义也有些相同之处，但是二者并不是完全一致的。思想政治教育侧重于教育，着重对人进行思想上的指引。思想政治工作侧重于工作，主要是指要认真完成工作。思想政治工作主要是指通过开展工作，使人民更加深入地了解主流思想的内在含义，从而正确建立三观。思想政治工作的任务是可以量化的，其工作形式也是组织化的，相比起前者更加专业。

张耀灿先生和陆庆壬先生对于思想政治教育的概念各抒己见。张耀灿先生认为，思想政治教育要从社会实践活动的角度出发，使人们的思想品德与思想政治教育相吻合，使人们的行为活动符合社会的需要，人们要有正确的思想观念、政治理念与道德规范，并且要有计划、有目的、有组织地影响他人。陆庆壬先生则认为，开展社会实践活动可以转变人们的思想，指导人们的行为，对人们的思想意识施加有目的的影响，从而实现一定的政治目标。[①] 以上两种对思想政治教育的定义，是从思想政治教育的过程方面提出的。思想政治教育是党和国家顺利发展的必然要求，它通过具体的措施来促进人们政治思想的产生。这种措施能够反映接受者的自身思想以及生活的需求问题，因此思想政治教育的内容要从党和国家的层面去描述。

随着时间的推移，社会也在不断地前进与发展，人们的需求一直存在，并呈现出不断增加的态势，经过统计和合理规划后，党和国家出台了一些有益于社会发展的方针和政策。为了符合时代进步的思想要求，就必须借助一定的手段，有计划地对人们实施思想政治教育，增加约束和引导，前提是坚持人民是国家的主

① 陆庆壬 . 思想政治教育学原理 [M]. 北京：高等教育出版社，1991.

体，坚持不动摇人民的主体地位。“不同的时代背景下，人们的需求一定会有所变化，人民的需求主要是通过思想政治教育来体现的。”① 依据中国的国情和历史背景，人们选择了马克思主义，并且不断在实践中把马克思主义中国化。与此同时，在马克思主义不断中国化的过程中，它的价值也在不断地显现出来。

二、高等学校的思想政治教育

随着经济全球化的不断发展，各个国家之间的科技、产品与资本等不断地进行全球性的流动，各种生产要素和资源开始不断地流动变化，最终进行合理化的配置。经济全球化趋势展现出人类的不断进步与发展。一方面，对我国来说，随着改革开放的不断深入，我国的经济迅速发展，越来越多的文化与政治观念不断冲击着人们的思想，在接触碰撞之中，最终形成了人们道德上的斗争与融合。② 另一方面，社会主义和资本主义的不断的斗争，对世界形势带来了更加深刻的影响。随着改革开放的步伐不断加快，我国与世界各国的联系日渐密切，大学生的思维比较敏感、内心比较不稳定，在遇到某些文化或者价值观时，非常容易受到他人的蛊惑和引诱，从而误入歧途。西方那些重刻画个人主义、感官刺激以及商业价值的思想观念，很容易对当前大学生的理想与观念造成冲击和腐蚀，从而弱化它们的国家意识。而且随着科技的发展，网络信息技术逐渐普及，在网络上充斥着很多不良信息，这些信息也在不知不觉中影响着大学生的价值观念。

在当今经济全球化、各国紧密交流思想文化的背景下，大学生的思想容易受到各种引诱与侵蚀。因此，加强对于大学生的思想政治教育，已经成为国家关注的重点问题。大学生是十分宝贵的人才资源，他们是祖国未来的建设者，关系到整个中华民族的伟大复兴。他们的思想道德素质直接影响着整个国家的前途和命运。因此，增强对大学生的思想政治教育已经刻不容缓，高校思想政治教育工作者们一定要时刻关注学生，引导他们树立一个良好的世界观、人生观和价值观，为国家的未来保驾护航。

---

① 李辽宁 . 当代中国思想政治教育意识形态功能研究 [M]. 武汉：武汉大学出版社，2006.

② 于森，郑化平 . 加强当代大学生思想政治素质教育探讨 [J]. 中国医药导报 .2008，（24）：133，160.

三、高校思想政治教育的实施者和接受者

高校是人才培养的根据地，是思想文化建设的主战场。其中，思想政治教育工作极为重要。在这里，学生们不仅要接受各种科学文化知识，更重要的是要正确树立自己的三观。目前，各种思想文化复杂多变，高校学生尚未能够辨明其中对错。因此，界定高校思想政治教育的实施者与接收者，如何把握进行思想政治教育的方式方法，是高校思想政治教育工作的重要基础。

（一）高校思想政治教育的实施者

高校思想政治教育的实施者是在高校内从事思想政治教育的部分人员。在高校内，这个职位的主要职责就是对大学生们进行思想政治教育，以及通过思想政治教育帮助他们建立良好的三观。在整个过程中，教育者一直占据主导地位，他们对学生进行思想政治教育，在其中发挥着主导作用。教育者在对学生进行思想政治教育工作的过程中始终坚持着国家及社会所要求的政治规范与思想体系，以身作则。但是在进行思想政治教育工作时，其最终的效果还是要取决于受教育者，他们学习的积极性在很大程度上影响着最终的结果。而受教育者的积极性又与教育实施者的引导与教育有关。因此，思想政治教育要想达到完美的预期，就需要教育实施者主动积极地引导受教育者去产生主动性，然后积极主动地去学习。

而思想政治教育工作者如何正确地去引导大学生们的思想呢？这对思想政治教育工作者就提出了更高的要求。首先，他们要努力学习，不断提高自己的科学文化素质以及思想文化素质，学习各种科学理论知识；同时还要转换自己的旧观念，树立良好的价值观，不断创新。另外，作为思想政治教育工作的实施者，还要了解学生的各种特点，努力融入他们中间，帮助他们树立一个良好的三观，发挥其主观能动性，积极地参与各种实践活动，从而达到教育学生的目的。

（二）高校思想政治教育中的接受者

在高校中，思想政治教育的接受者就是大学生。在大学生接受教育的过程中，不只是教育者一味地灌输，更重要的是大学生在一定程度下进行了自我教育。这种思想政治教育的过程，是一个比较矛盾的、积极与消极并存的过程。大学生们一方面受到教育者的积极引导作用，另一方面又受到社会上的一些不良风气和消

极因素的影响。因此，大学生在进行学习时，面对着复杂多变的思想文化，必须要进行取舍。作为思想政治教育的接收者，大学生一般具有以下这几种特征：

（1）思想具有社会性。人人都处于社会之中，社会上的各种思想都会影响到人们。社会是大学生的思想状态的来源，所有社会上发生的重大事件以及影响都会在大学生的身上展现出来。

（2）认知具有能动性。学校里的大学生们是一个具有丰富创造性的群体，他们具有主观能动性，能够积极地主动地去选择思想政治教育，这展现了他们的自我认知状态非常具有能动性。

（3）身心的可变性。他们的心理和生理还未完全成熟，在这个时期非常容易发生各种变化，还具有很大的可塑性。

四、高校思想政治教育的人性关怀

思想政治教育工作实质上就是要对学生进行教育，帮助他们建立良好的三观，将他们培养成一个有道德、有思想、有理想的人。现代思想政治教育工作的内容是指对学生进行思想、政治、道德、心理等全方位的教育，因此，思想政治教育工作的本质就是实现人的全面发展。

对于国家来说，大学生是宝贵的人才资源，他们的思想素质与文化水平关乎着国家和民族的未来，也关乎着中华民族的伟大复兴。要实现国家的人才强国战略，就必须要促进大学生人才的全面发展。其中最首要的目标就是促进大学生们的思想道德发展，其核心就是引导学生认识自我，树立远大理想，形成良好的三观。

（一）高校思想政治教育中的以学生为本教育

在高校思想政治教育工作中，要始终坚持“以学生为本”。教师不是课堂的主体，学生才是。思想政治教育工作者应该不断地引导学生，发挥其主观能动性，不断调动其积极性，引导其主动学习。另外，还要因材施教。不同的学生具有不同的个性特色，每一个人都是不一样的，其发展的方向也是不同的。高校教育工作者一定要坚持“以学生为本”，发挥学生的主体性，尊重其不同的个性差异，促进学生的全面发展。因此，在思想政治教育过程中，需要做到以下三点：

1. 注重以人为本，尊重人的需要，启发人的自觉性

在人际交往中，尊重是必要的前提。在人的需要层次理论中，尊重是其中较高层次的一部分。随着社会物质文化水平的提高，人们的衣食住行的需要逐渐被满足，精神方面的需要也逐渐增强。在思想政治工作中，启发人的自觉性是首要任务。而要启发人的自觉性，一个比较重要的方式就是双方互相尊重、互相信任，具有良好的人际关系。因此，在思想政治工作之前，双方一定要有一个良好的交流，保证双方始终处于真诚信任的基础上。只有这样，思想政治工作才能够进行下去，从而获得比较良好的效果。

2. 注重以人为本，关心人的利益，调动人的积极性

随着社会主义市场经济的发展，各种利益越来越趋于多元，人们也逐渐意识到利益的重要性。人们合理维护并争取自己的合法权益，这并不是一件坏事，然而它所带来的影响却具有双面性。从积极的方面来说，它可以促进社会进步与生产力的发展；从消极的方面来说，它可能会影响到人们判断是非的标准，无法使人们正确看待个人利益与集体利益的关系，从而在思想上产生错误。因此，这就需要思想政治教育工作者对人们进行引导，说明各种利害关系，帮助人们树立正确的义利观。人们奋斗的最终目的都是为了利益，它是进行思想政治工作的基础。如果在思想政治工作中没有谈到利益的分配，那么这一切就只是空谈。因此，在进行思想政治工作时，要帮助人们厘清各种利益关系，树立一个正确的利益观；另外，还要做到理论与实践相统一，将思想政治工作中所讲的利益观与百姓的实际利益相结合。

3. 注重以人为本，彰显主人的价值，激发人的创造性

人的价值包括两个方面，即社会价值与个人价值，二者既是相互对立，又是互相统一的。在现代社会中，每个人都紧紧地联系在一起，每一个人都是命运共同体，只有互相团结协作、互帮互助，才能在相互配合中做到 1+1>2 的效果，促进社会的发展。同样，每个人都是具有独立特性的个体，社会的进步离不开个人的创造性。因此，在高校思想政治工作中，既要发挥团体的合作，又不能限制其个性的发展。高校中具有许多宝贵的人才，他们是未来社会的建设者。作为思想道德政治工作者，要坚持“以学生为本”，发挥其独特性，培养其创新精神，引导他们逐步为社会做出更大的贡献。

（二）高校思想政治教育加强人性关怀的紧迫性

1. 时代发展和当代大学生思想特点的现实要求加强人性关怀

随着改革开放的不断推进，人们的个体意识不断觉醒，这给当今社会的管理者提出了更高的要求。科学发展的最终目的就是人，人类是社会发展最主要的动力。在这种背景下，高校思想政治教育更应该注重对大学生们的关怀，关注他们的身体和心理健康，关心他们的自由。随着社会主义市场经济的深入发展以及各种现代通信手段的日益发达，大学生们开阔了视野，吸收了各种各样的丰富思想，内心观念更加繁杂。再加上，由于长辈的溺爱，导致一些大学生缺乏人文意识，表现出以自我为中心、冷漠自私、缺乏团队精神等特点。另外，一部分学生存在着功利性倾向，只想享受权利、不想承担义务。这对于学生的思想素养以及三观的养成是极为不利的。面对上述情况，思想政治教育工作者如果施行之前的说教、灌输等教育方式，那么可能会引起学生更深的反感。因此，思想政治教育工作者一定要以学生为本，加强对学生的人文关怀，这样在教育过程中才可以获得较好的反馈与效果。

2. 高校思想政治教育对学生人性关怀的缺失

（1）高校教师人性关怀精神的缺失

在当今社会，有一些教师为人冷漠、缺乏职业道德，他们仅仅看重自己的利益，只讲述知识而不关注学生的成长。教师是一个教书育人的职业，教书、育人都很重要，这种只重教书不重育人的行为，是作为教师最起码的思想道德的缺失，不仅影响学生的积极性，甚至会影响他们的一生。大学生作为一个具有独立人格的人，拥有与教师同等的人格和尊严，他们理应得到尊重。对于学生来说，正是处于塑造人格与三观的重要时期，任何一些不好的现象和行为都会影响到他们的思想。比如，某些服务部门的冷漠懈怠的作风，以及图书馆不自觉的喧哗行为，等等。

（2）高校思想政治工作者对大学生自我需要关照的缺失

在高校思想政治教育工作中，主要有这三种对于学生需求的缺失，即忽视学生的实际需求、忽视学生受教育的层次性需要、忽视学生创新个性的培养。第一，在日常思想政治的教学过程中，教师一直在空洞而说教地传输“正面”的东西，这对于学生来说是枯燥乏味的，而且比较抽象，难以理解。另外，讲述的知识过于陈旧，难以引起学生的兴趣和共鸣，忽视了学生的实际需求。第二，不同学生的道德素养与思想觉悟不同，这种差异性造成学生对于知识的理解能力不同。而教师在展开教学时，往往默认其具有相同的理解力与领悟力，过于强调群体，而忽视了不同学生的特性，这不利于学生接受教育的层次性需要。第三，在思想政治教育工作中，始终由教师展开讲述，缺乏学生之间的交流与反馈，没有强调学生的主体地位，抹杀了学生们的创新精神，不利于学生们的个性发展。

五、高校思想政治教育的关键环节

当今中国的大学生，他们出生在中国改革开放的新时期，赶上了国家经济高速发展、社会改革不断深化的时代。他们享受到了国家经济飞速发展的成果，可以说是在比较优越的物质条件下成长起来的。但是，这是一个矛盾与机遇并存的时代，在改革创新的步伐不断推进的同时，西方自由思潮也在大量涌入，再加上一些社会现象和颓废思想的影响，“80 后”“90 后”“独生子女”这些词汇经常出现在我们的面前，理想信念缺失、思想道德低下、爱国意识淡薄、盲目崇洋媚外等一些消极颓废的思想也开始蔓延。面对改革开放和经济全球化的社会大背景，以及这样的一些特殊群体，传统宣传教育的思想政治教育方式缺乏生动化、人性化的内涵，效果不尽如人意。因此，高校思想政治教育急需得到创新，特别要在增强时代感，加强针对性、实效性、主动性上下功夫，并不断地探索新途径，创造新经验，赋予大学生思想政治教育鲜活的生命力和创造力。

（一）创新思想政治理论课

到目前为止，对高校大学生们进行思想政治教育的主要方式还是通过思想政治理论课。思想政治教育工作者通过思想政治理论课程对学生进行思想政治教育，帮助他们树立起一个良好的三观，为国家培养了一批批栋梁之材。

1. 发掘思想政治教育资源

高等学校的哲学社会科学课程在思想政治教育理论课程的教学中发挥了最重要的作用，这是每个高校在进行思想政治教育的过程中应该加以重视的，要培养学生树立马克思主义的信仰，在教学中充分体现马克思主义的理论体系，尤其要重视马克思主义中国化最新成果的体现，用科学的理论武装大学生，用优秀的文化培育大学生。但是，我们可以看到，思想政治教育是一个非常丰富和宽泛的教育体系，它存在于我们生活的方方面面，高等学校的各门课程都具有育人功能，广大教师和教育工作者要把思想政治教育融入大学生专业学习的各个环节，在教学、科研、日常活动中进行一定的思想政治教育。[①]不仅如此，高等学校还应该深入发掘各类课程的思想政治教育资源，在进行各科专业知识学习的过程中加强思想政治教育，使得学生在学习专业知识的过程中不知不觉地提高自己的思想道德修养，提高自己的政治觉悟。

2. 深化社会主义核心价值

随着对外开放的力度逐渐增强，我国的国民经济得到了飞速的发展，对外开放程度的不断深入也带来了西方资本主义的自由思潮及其文化理念，再加上互联网科技的飞速发展，大学生的人生信仰、思想观念极易受到冲击。在对大学生进行思想政治教育工作时，一定要注意到这一点。要让大学生始终坚持社会主义的核心价值体系，就必须要将其融入高校大学生的思想政治教育中，这样，在教育过程中，有助于大学生坚定自己的理想信念不动摇，也有助于大学生建立起良好的社会道德规范。社会主义核心价值体系是我国各族人民团结奋斗的共同思想基础，它要求我们始终坚持马克思主义的指导，坚持中国特色社会主义，凝聚各族人民的力量，发挥民族精神和时代精神，坚持社会主义荣辱观，坚实全国各族人民共同团结奋斗的思想基础。[②]

（二）适应社会主义市场经济

自从党的十四大提出建立社会主义市场经济体制以来，这是一场影响深远的变革，涉及了政治、经济、文化等各个方面，旧的社会秩序逐渐被打破，新秩序、新观念也在不断地建立，新旧秩序的转换需要经历一个相当长的时期。随着市场经济的不断深入，人们的整个社会生活发生了复杂而深刻的变化，许多新问题、新挑战不断地出现，在这样一个社会转型的时期，思想政治教育工作也要做出积极的反应，寻找新的对策，以适应社会主义市场经济的需要。

---

① 王万江 . 关于高校学生思想政治教育课的几点思考 [J]. 科技创新导报 .2008（19）：223，225.

② 吴克勤 . 高校应自觉将社会主义核心价值体系贯穿于学生思想政治教育工作的全过程 [J]. 高校教育研究 .2008（3）：11-13.

1. 弘扬社会主义市场经济的价值观

根据当前市场经济条件下，大学生思想观念、价值取向所展现出来的多样化特征，我们应该大力弘扬共产主义思想，建立符合社会主义市场经济的价值观。随着社会主义市场经济的发展，我国的经济制度呈现出多种所有制经济共同发展的特征，并且由于多种分配方式的存在，造成了利益群体和社会阶层的多样性，从而造成了多样性的社会心理，因此，高校的思想政治教育工作必须要提倡社会主义和共产主义道德，大力弘扬爱国主义、集体主义、为人民服务和勇于奉献的精神。在这一特殊时期，我们既要承认社会价值取向的多样性，又要坚定不移地坚持马克思主义的指导地位，唱响时代的主旋律，树立学生共同的理想信念，使他们能够积极地投身到改革开放和社会主义现代化建设事业当中去。

2. 解决学生在市场经济中面临的问题

市场经济的价值观是以利益为核心的，虽然广大人民群众的根本利益是一致的，但是在一定的社会历史阶段，不同阶层的人的具体利益也是不一样的。因此，在进行思想政治教育的过程中，要立足于解决与大学生利益息息相关的实际问题，避免传统的说教，只讲一些空洞的大道理，不着眼于解决学生的实际问题。思想政治教育的目的就是在培养人、教育人、鞭策人的同时，还应该尊重人、关心人、帮助人，只有这样才能真正地提高思想政治教育的实效性。因而，学生思想问题的解决，不能仅仅依靠教育、理论灌输，还应该解决学生的实际问题，诸如学习、生活、就业、人际交往等。切实地把我们的思想政治教育渗透到为学生做实事、做好事的过程中，把解决实际问题贯穿于思想政治教育的始终，最终通过解决学生的实际问题，引导学生不断地提高精神境界和思想觉悟，从而将他们培养成为合格的社会主义建设者和接班人。

（三）独生子女群体教育工作

从 20 世纪 80 年代初到现在，计划生育一直是我国的一项基本国策，在实行计划生育的这几十年间，大学生中独生子女的人数逐渐增多，我国逐渐成为世界上独生子女人数最多的国家之一。随着独生子女人数的逐渐增多，如何对其进行思想政治教育工作，成为一个主要问题。因此，在高校思想政治教育工作中，独生子女的思想政治教育工作是至关重要的。

1. 独生子女群体思想道德现状

独生子女具有他们自己的优势，比如思维活跃、视野宽广、重视能力提高、自我意识增强、进取意识增强。但是由于受到良好的宏观经济形势与社会负面因素的双重影响和社会思潮与家庭结构简化的双重影响，他们中的绝大多数人又表现出了一些非常突出的个性缺陷。首先，很多的独生子女大学生信念比较淡薄。对于一些政治方面的思想，他们并不具备很强烈的认知和信念，甚至有时候会形成一些错误的认知。其次，独生子女大学生对于家庭的依赖感过强。调查发现，大多数的独生子女大学生都是第一次自己在另一个地方生活，他们缺乏生活经验，自理能力比较差，依赖性很强。[①] 作为一个即将踏入社会、马上独当一面的人，过度的依赖性势必会给他们带来重重的阻碍，造成不必要的麻烦，因此独生子女的过度依赖性，应当引起高校思想政治教育工作的重视。最后，大多数独生子女大学生性格比较叛逆，这很大一方面与独生子女特殊的家庭生活环境和父母从小的教育方式有关。

2. 独生子女群体教育工作对策

针对独生子女大学生在思想道德方面的现状，高校辅导员应当做好独生子女大学生思想政治教育工作。

首先，要帮助他们建立正确的人生观。相比其他人来说，独生子女的自我意识较强且思维活跃，并且智力水平普遍较高，这是他们的优点。相对的，他们也有一些缺点，那就是在品德方面存在一定的局限性。因此，要着重针对他们的这个特点，对其进行思想政治教育。首先，应该向其系统地讲解马克思主义的基本知识，增强对于马克思主义内容的理解，帮助其形成正确的三观，厘清各种社会关系，不断认识自我，树立崇高的理想。

其次，对其进行心理健康教育。由于独生子女比较独立，在人际关系方面容易出现一些问题。因此，要主动地对其进行心理健康教育，通过咨询与反馈，不断了解对方并进行开解，帮助他们克服心理障碍。同时还能够帮助他们了解自身的潜能，不断学习各种生活技能，增强自己的意志力，使他们尽快适应学校的生活。

---

① 吴丰，任新红．独生子女大学生心理行为特征及思想政治教育工作方法思考 [J]. 文教资料 .2008（12）：219-220，199.

最后，增强社会实践。由于很多独生子女在家里一直被长辈宠溺着，缺乏独立生活的技能，因此，学校要经常组织一些社会实践活动，通过进行劳动锻炼不断培养他们艰苦奋斗、吃苦耐劳的精神，增强他们的实践能力。通过社会实践，学生们不仅能够从中学到很多新的知识和本领，还能够开拓视野，增进与人们的交流，增强对社会的责任感。同时，社会实践活动还能够帮助人们认识自我、改造自我、完善自我，有利于大学生在社会中找准自己的定位，建立一套属于自己的准确的、完备的人生价值体系。

（四）培育大学生的主体意识

传统的思想政治教育，只是把学生看作一个完全的受教育者，向他们灌输一些思想政治教育的知识，以达到思想政治教育的目的，这种一味灌输而不对学生耐心讲解的教学过程，势必会引起学生们的反感，这样的教育过程可以说是基本上无效的。只有真正尊重学生，尊重他们的主体意识，才能够正确地传递思想政治教育的观点，才能够得到学生们的认同。

首先，思想政治教育是通过对学生进行教育来使他们接受教育并受到教育影响的过程。但是人的思想品德的形成并不能仅仅依靠思想政治教育工作者的传播作用，更为重要的还是要看学生是否具有主观能动性。因此，在进行思想政治教育的过程中，最为重要的目的就是要激发学生的主观能动性，使他们能够以主体的姿态自觉地接受教育和进行自我教育。① 其次，思想政治教育的最终目的是提高人们的思想道德素质，同时不断增强认识与改造世界的能力。思想政治教育使人们认识到自己的主体地位，在社会主义事业不断发展的过程中，需要他们不断发挥自己的主观能动性去认识世界、改造世界。

这种主体意识是由受教育者主观能动性的产生而产生的，展现了受教育者对思想政治教育内容的认同，这表明受教育者已经开始了自我教育。如果想要培养学生的主体意识，需要做到以下几点。

1. 唤起大学生的主体意识

主体意识是一种自觉意识，它是主体具备主观能动性的一种表现。大学生在接受思想政治教育的过程中，如果主体意识比较弱，那么他对于自身发展的认知

① 陈蕊．高校思想政治教育的关键环节——内化 [J]. 内蒙古电大学报 .2006（2）：60-61.

与控制等都会表现得比较弱。如果要想获得一个比较好的教育效果，就必须要唤起大学生的主体意识，只有这样，学生们才能够学会自我教育，从而不断地得到发展。

2. 尊重大学生的主体地位

在思想政治教育中，最重要的是受教育者，教育者一定要尊重学生的主体地位。教学是一个双向的过程，只有学生真正地拥有自尊自信，他们才能够更加自觉地去学习，也才能更好地对自己负责，从而主动地接受思想政治教育。

3. 发展大学生的主体能力

对于大学生而言，他们是受教育者，在这场教育活动中处于主体地位。但是仅仅确立其主体意识和主体地位是远远不够的，要想使他们真正得到发展，就需要不断培养他们的主体能力，在受教育的过程中将自身的发展作为最根本的目的，不断自我完善。

对于一个人来说，自身主体能力的发展水平与他本身的主体性是息息相关的。一个人的主体能力越强，他就越能够充分利用各种外部条件来不断发展自身，从而提高主体性；然而，当他自身的主体能力越弱时，他就无法发挥出自身的主体性。

六、高校思想政治教育的重要意义

一些学者对高校思想政治教育进行深入探究后，指出高校思想政治教育应是一种从全局上加强教育、从根本上进行改进的总的方法；还有一些学者认为，高校思想政治教育应当通过教育内容、思想政治教育队伍、实践教学和教育环境等各方面的整体改革与系统优化，从全员、全程、全方位上构建一个三全育人的高校思想政治教育实施体系，实现高校思想政治教育的最大合力。通过学者们的表述，我们可以看出，高校思想政治教育是一种全新的理念与途径。要建立新时代的思想政治教育体系，“育人为本”是关键，“全员育人、全过程育人、全方位育人”也是关键。价值取向在高校思想政治教育中有着重要的作用，即在大学生平时的教育活动中渗透社会主义核心价值，使大学生通过社会主义核心价值明辨是非、懂得行事做人的基本价值取向。大学生在抵御各种社会思潮的侵袭时，能够主动运用社会主义核心价值。总之，高校思想政治教育的重点是通过个体修养和价值导向促进人的全面发展。

第二节　高校思想政治教育主要内容

思想政治教育的内容与思想政治教育的目的和任务有着密切的联系，思想政治教育目的和任务的结构层次丰富，受教育者的思想道德状况也呈现多样性，因此，思想政治教育的内容也是一个多样化的系统。

一、高校思想政治理论课教学内容

“马克思主义基本原理概论”“毛泽东思想和中国特色社会主义理论体系概论”“中国近现代史纲要”“思想道德修养与法律基础”是我国思想政治理论课的四门主干课程。四门课程之间既存在紧密联系，又各有自己的目标和特点。每门课程都需要结合各自的教材内容、课程目标和课程特点来组织设计实践教学活动内容。

（一）马克思主义基本原理概论

1. 课程简介

“马克思主义基本原理概论”（以下简称“原理”）是 2005 年《〈中共中央宣传部、教育部关于进一步加强和改进高等学校思想政治理论课的意见〉实施方案》中确定的思想政治理论四门必修课之一。与原思想政治理论课分设“马克思主义哲学原理”和“马克思主义政治经济学原理”相比，新的“原理”课程不仅在内容上、体系上、学时上进行了重大调整，而且更加突出了课程的整体性、意识形态属性和实践性。

整体性:“原理”这门课主要目的是使学生们了解马克思主义的基本观点、立场与方法，在整体上大体把握马克思主义的具体结构，而不用讲述得太过全面，否则容易使学生们主次不分。

意识形态性：在进行“原理”这门课的讲述时，最首要的目的是传授给学生它的意识形态，其中，知识传授并不是主要的。在课程学习过程中，要使学生们始终坚持正确的政治方向，从而为我国培养出建设中国特色社会主义所需要的人才，最终服务于社会。

实践性：在“原理”课的教学过程中，实践是它极其重要的一个特点。在当今社会，我国仍然处于社会主义初级阶段，在大学生学习课程的过程中，通过运用马克思主义其中的一些基本知识，从而来解决目前出现的一些问题，这需要其具有极强的实践能力和创新精神。

2. 实践教学内容

实践教学是为配合理论教学而设置的教学环节，应根据课程特点，从提高教学针对性与实效性的角度出发，本着有利于深化和拓展理论教学的原则进行。

（二）毛泽东思想和中国特色社会主义理论体系概论

1. 课程简介

“毛泽东思想和中国特色社会主义理论体系概论”（下文简称“概论”）在四门高校思想政治理论课中内容最多、学时最多，所占学分也最多，在思想政治理论课体系中占有重要地位。

“概论”课中包含这几个方面的内容，包括马克思主义中国化的历史进程与规律，不同时期下中国共产党在探索中国革命道路上遇到的问题，等等。通过学习，大学生们能够掌握马克思主义的各种理论知识，了解中国共产党从建立到改革的过程中形成的许多丰富的理论，并且能够运用这些理论不断训练自己解决问题的能力，将实践与理论相结合。

“概论”课具有理论性、综合性、现实性强的特点，一方面这决定了“概论”课开展实践教学的重要性，另一方面，又使得“概论”课的实践教学具有十分丰富的素材和良好的条件。理论性强，是指课堂讲授的重点在于对理论问题的阐述，而从学习规律来看，如果只有单向的理论讲授，势必影响学习的效果。只有将理论与实践结合起来，才能让学生在实践中加深对理论知识的理解。综合性强，是指该课程所涉及的领域和问题较为广泛，使得实践教学的开展能够具有丰富的素材。这门课程的现实性强，则能够增添学生关注社会问题、积极参与实践的动力。

2. 实践教学内容

“概论”课的实践教学应着眼于丰富和深化学生在理论教学中所学的理论知识和培养学生的实践动手能力的基本目标，遵循针对性、可行性、时效性、实效性的主要原则，采取丰富多样的实践形式。所谓针对性，就是要求实践教学以理论教学为基础，实践内容要联系教学大纲，从理论教学涉及的问题中提炼出来；所谓可行性，就是要求实践教学结合社会实际、学校实际与学生思想实际，注重实践教学的可操作性；所谓时效性，就是要求实践教学从现实出发，把握当前社会热点、体现时代特征；所谓实效性，就是要求实践教学活动最终必须落脚于锻炼学生、提高学生理论水平和实践能力的实效上，切忌一切形式主义。

（三）中国近代史纲要

1. 课程简介

中华民族上下五千年，历史文化源远流长。通过对历史的观察研究，我们可以得到许多信息。历史具有很多功能，比如存史、资政、育人，等等。

以史为鉴，可以知兴替。中国共产党始终坚持研究与学习历史，总结各种历史上的经验教训，从而推动社会进步。毛泽东曾说："今天的中国是历史的中国的一个发展；我们是马克思主义者的历史主义者，我们不应当隔断历史。从孔夫子到孙中山，我们应当给以总结，这是一份珍贵的遗产。"①

新中国成立后，学习近代中国历史，特别是中国共产党的历史，已经成为党和政府对大学生进行思想政治教育的重要组成部分，课程名称也先后经历了"新民主主义论""中国革命史""中共党史""毛泽东思想概论"等变迁，尽管课程名称多次变更，但其共同点都离不开对选择马克思主义的指导、共产党的领导及走社会主义道路的认识问题，集中到使学生懂得中国近现代社会发展和革命运动的规律问题。②

由于历史的重要性，2005 年，中共中央发布了一个文件，文件中指出，要在四年制本科生中开设一门"中国近代史纲要"。

在"中国近代史纲要"课程中，不仅包含着政治性内容，还具备历史属性。由于这段历史的时间跨度很大，内容也很多，仅仅在课堂上进行理论知识的学习是不够的，还要在课外进行实践活动。这样，才能够清晰地了解我国的基本国情

① 毛泽东．中国共产党在民族战争中的地位 [M]. 毛泽东选集（第二卷），北京：人民出版社，1991：534.

② 王顺生．对开设"中国近现代史纲要"课程的几点思考 [J]. 中国高教研究，2007（3）：86-87.

和历史，同时了解中国共产党的伟大。

2. 实践教学的内容

“中国近代史纲要”课的实践教学具有丰富的形式和内容。比较典型的有经典书目阅读、经典影片赏析、参观历史遗迹、听取专家报告、社会实践调查、课外小组讨论、人物访谈等形式。通过实践教学，可以弥补课堂教学中的不足，深化学生对教材体系的理解和对中国近现代历史进程的把握；提高学生运用历史知识表述历史问题的能力、有针对性地培养其理论与实践相结合的能力；培养学生浓厚的爱国热情，坚定中国特色社会主义的理想信念；最终实现由知识体系向信仰体系的转化。

（四）思想道德修养与法律基础

1. 课程简介

“思想道德修养与法律基础”课程是对青年大学生进行马克思主义理论和思想品德教育，是为适应大学生成长成才需要，帮助大学生树立高尚的理想情操，养成良好的道德习惯，培养法律思维意识，培育和践行社会主义核心价值观的一门极其重要的课程。

顾名思义，这门课程的内容主要有两个，一个是思想道德修养，一个是法律基础。它的主线主要是关于三观以及道德与法制的内容，从中，我们可以学习到如何树立三观以及如何培养自己的道德修养，等等。在教学的全过程中，要始终坚持社会主义核心价值体系，不断培养和践行社会主义核心价值观。在学习课程的过程中，要在不断学习各种理论知识的同时增强实践，培养学生们形成良好的思想道德修养，不断提升法律素质，促进学生的全面发展。

“思想道德修养与法律基础”课程具有知识性、政治性、实践性等特点。先进的思想理论需要灌输，但更重要的是如何让理论真正回归生活。让学生参与到思想政治教育实践中，能使其获得亲身体验，真切理解道德和法律等社会规范的意义，从而将外在的道德和法律要求自觉转化为自身内在的需求。因此，本课程特别看重实践环节。

2. 实践教学内容

“思想道德修养与法律基础”实践教学内容构建总体思路是：以教材为基础，

以学生为主体，以问题为中心，强调实践教学组织运行机制的规范化和体系化，以社会主义核心价值体系的构建、培育和践行社会主义核心价值观为主线，紧密结合理论教学的内容以及社会现实的需求来创新和实施实践教学。具体而言，本课程主要以章节为基本线索设计和组织实施实践环节。

二、大学生日常思想政治教育内容

在党的教育方针政策与高校思想政治教育工作的要求下，高校学生工作人员通过日常学习生活来潜移默化地对每个学生有针对性地进行品德、思想与政治方面的影响，这就是大学生日常思想政治教育。它的主要载体是班级、社团、宿舍等，主要任务是通过对学生进行关注来及时发现和解决他们遇到的问题，从而确保他们身心健康成长。日常思想政治教育与大学生思想政治理论教育是相互补充的关系，且具备潜移默化的性质，因此，对于提高大学生思想政治教育来说，日常的思想政治教育工作是一个非常重要的手段。

（一）政治教育

政治教育是指依据一定的政治思想和规范对受教育者施加影响，使受教育者形成一定政治观念、信念和政治信仰的教育。

政治教育内容的核心是国家观，所以教育的内容是围绕国家观的政治知识、政治观点和政治价值观念设置的，主要有党的基本理论、路线和基本纲领教育，理想信念教育，形势与政策教育，爱国主义教育等。

在对大学生进行思想政治教育的过程中，最重要的就是政治教育，它处于整个思想教育工作中的核心地位。因为思想政治教育最根本的属性就是政治性，它一开始设立就是为了传播政治思想，这与中国共产党的意志有着密切联系。另外，整个思想政治教育的方向是受政治教育的指引的，政治教育的内容中包含了党的路线、形势政策、基本理论等一系列的重要内容。政治教育决定着整个思想政治教育的方向和性质，它是思想政治教育的灵魂。

（二）思想教育

施教者通过一定的哲学思想去影响受教育者，最终在他们脑内形成三观的过程，就叫作思想教育。它的内容很丰富，包括三观教育以及辩证唯物主义的历史观与方法论。它是一个强大的思想武器，能够帮助人们认识世界和改造世界。大学生日常思想政治教育的理念支撑就是思想教育。因此，以三观为主要内容的思想教育是思想政治教育体系中最根本的教育。

在日常的学习与生活过程中，大学生会遇到各种困难与问题，这些都会对他们的心理产生影响。在对他们进行思想教育时，可以通过日常谈心、班级讨论等方式进行。在思想教育中，施教者要主动关注学生，深入学生日常，帮助他们分析与正确看待各种问题，从而走出困境。对于学生的思想政治教育主要包括三方面，即明确问题、应对策略和心理调适。首先，可以与学生进行一对一交流谈话，施教者要引导学生正视自己，大胆说出自己的问题，然后正确地去看待问题。其次，要找到一个解决办法，来帮助学生应对当前的困境。最后对学生进行心理调节，舒缓他们的情绪，教会学生进行自我疏导的方式。

（三）道德教育

在社会中，为了使人们遵守一定的道德规范、履行自己的道德义务，一定的社会或集团有组织、有计划地给系统施加一定的道德影响的过程，就是道德教育。道德教育的特点有实践性、渐进性、交融性等，主要环节包括提高思想认识、陶冶情操、锻炼坚强意志、树立道德信念、培养行为习惯，等等。由于我国是一个社会主义国家，因此，我国的道德教育主要是培养人们的共产主义道德、改善社会风气。道德教育既是对现实中的政治经济关系的需要，也是为了提升人民的道德水平。它积极配合法律、政治等各方面的教育，努力提高人民的思想认识，培养人民的社会责任感。

道德教育包括很多方面的内容，比如家庭美德、职业道德、社会公德、生态公德等。对于社会主义国家来说，社会主义道德是以无产阶级自发形成的道德作为基础，无产阶级自觉维护的道德。它的主要内容是社会主义荣辱观以及公民遵守的基本道德规范，代表着无产阶级的根本利益。

道德教育是一切的基础。首先，它是社会上最基本的一种规范体系，它制约着任何一种社会关系，使道德能够在最基础的层面上得到极大的发挥。作为一种基本的社会规范体系，任何其他规范都以它作为前提，比如法律、政治、规则等。其次，道德教育全面提升了道德主体的素质。随着时代发展，道德教育的内容也逐渐增加，网络道德、人与自身以及与自然的关系的环境道德等都成为道德教育的内容。通过实行这些道德教育，最终使人成为“自由的人”，使道德主体逐渐形成良好的道德品质。

由于当今社会信息繁杂，在社会及网络空间内，大学生很容易受到各种错误的引导，导致其在精神与行为上出现问题。因此，高校辅导员在对学生进行日常思想政治教育的过程中，要时刻关注学生的异常行为，及时对他们进行道德教育。有一部分学生面对某些社会问题时态度较为冷漠，缺乏社会公德意识。要对学生的这些行为进行规范，就需要对他们进行道德教育。道德教育的目的是监督学生们改正自己的不规范行为，帮助他们养成良好习惯，增加对其精神与道德的教育。道德教育的内容要立足于日常细节，从日常生活中进行潜移默化的教育，一步步地规范大学生的道德行为。其目标是帮助大学生们塑造正确的三观，从正确的角度去看问题，帮助他们规范自己的行为，最终回报社会。

（四）法纪教育

社会主义中国的法纪是指党按照人民的意志通过国家政权建立的以维护最广大人民群众利益为目的的法律和制度。我国是法治国家，依法治国是我国的基本方略，健全法纪教育是发展社会主义市场经济的客观需要，是社会文明进步的重要标志。

我国是一个社会主义国家，在我国，对公民进行的法纪教育不仅包括理论性知识，还包括对公民自觉性的培养，使人们逐渐由他律转向自律。我国法纪教育的内容就是对人们进行社会主义民主、法制和纪律的教育。

法律具有保障性，它能够制约和调整人们的行为规范。同时它还包含一些思想政治教育内容，通过法纪教育可以对这些内容提供一些制度化的保障。

（五）爱校荣校教育

爱校荣校教育，主要是通过组织学生聆听关于学校办学目标与特色的专题报告，与知名导师和校友见面交流，组织参观校史馆、标本馆、校园校舍等，使学生感悟学校的历史传统、文化内涵与大学精神，在讲解中了解学校的办学目标与理念，从而产生认同感。

（六）情感教育

当今社会飞速发展，各种信息纷至沓来，在这种快节奏的生活下，心理尚未成熟的大学生受到各种干扰后极其容易出现情绪不稳的状况。在校园中，酗酒、暴力状况时有发生，甚至部分学生出现了自杀行为。在这种情况下，怎样关注学生心理健康、如何引导学生释放心理压力已经成为重中之重，我们要在丰富多彩的日常生活中关注学生的心理世界。解决学生的心理健康问题，可以通过日常心理咨询、主题教育以及自我养成等方式来实现。在教育过程中，要深入到学生们的心灵深处，帮助他们认识到自己的问题，从而找到应对方法，改善心理素质、调整心理状况。在对学生进行治疗时，要选取一些相关事例加以说明，消除学生们的畏惧心理，引导他们积极面对问题。在日常谈话过程中，高校辅导员要贯穿情感教育，使学生感受到关怀，最终克服心理问题。

（七）心理健康教育

每个人的心理发展特点是不同的，通过一定的手段，对人的心理进行某些培养与预防活动，从而促进人们的身心健康成长，这就是心理健康教育。

其中，心理健康教育的内容有很多，比如心理疾病的预防、心理健康调适基本知识、心理现象知识教育等。它最终的目标就是培养人们积极向上的心理素养，提高人们的心理素质，促进人格全面发展。

心理活动是思想政治教育的前提，它是人的道德、政治、思想等的起点。而道德、政治、思想这些因素，也只有经历心理过程的发展和推移之后，才会形成。因此，要对大学生进行情感、信念、认知等一系列的思想政治教育活动，就必须先对其进行心理健康教育。在人们接受心理教育之后，心理素质能够得到进一步的提高，同时也为思想政治教育的其他内容打下了基础。

（八）特色教育

在当今这个时代，各种通信工具层出不穷，信息传播十分迅速，各种思想文化不断冲击着人们的脑海。由于大学生的心理还未完全成熟，面对众多的信息，他们在心理、情感与个人认知方面都存在着各种问题。因此，对他们进行思想政治教育尤为重要。又由于现阶段的他们十分独立，强调自我的主动性，因此，之前那种旧的方法可能收效甚微。要想对这些独立的大学生们进行思想政治教育，就需要设计出一种适合当前大学生的个性特色的教育。只有从学生们的角度思考问题，按照他们真实的需求来有针对性地确定教育内容，这样才能够引发学生的兴趣与共鸣，才能够激发学生的主动性，促使他们自觉地学习，产生良好的教育效果。比如，对于个性比较要强的学生，要摆正他们对待生活的态度，增强他们的道德素养，等等。对于学业上有困难的同学，要帮助他们选择合适的学习内容，同时帮助他们调整学习方式，进而增强学习效率。对于大学生群体而言，由于他们具有不同的个性特色，高校要为其提供特色教育，这样才能根据不同学生的需求来使每个同学得到更有针对性的教育，促进其健康成长。

随着思想政治教育工作者的不断努力，我国对于大学生的思想政治工作已经取得了不错的成绩，并且已经体现在他们生活与学习中的各个方面。尽管它已经渗透到方方面面，但是在实际行动过程中仍然难以执行。这主要是由于当前思想政治教育工作的内容过于概括宏观，虽然它有助于发挥学生的主体性，但是缺乏针对性。同时，在对学生进行思想政治教育工作的过程中，我们虽然从各个方面对学生做出了一定的要求，但是却忽视了不同年级学生的特殊性。这就会导致思想政治教育的内容缺乏特色，难以发挥其效力。因此，在对学生进行思想政治教育时，要积极创新，因材施教。

要想对思想政治教育工作的整体内容有一个比较清晰的认识，仅仅对思想政治教育的内容进行划分和归类是不够的，还需要对其内部的各种构成要素的地位与互相之间的关系进行研究，只有这样，才可以对其形成一个比较清晰的了解和认识。在这样一个十分稳定、合理的结构之内，思想政治教育中丰富的内容才能够相互联系、互相补充，最大限度地发挥功效。

第三节　辅导员加强学生思政教育的方法

一、辅导员在大学生思政教育中的作用

辅导员是开展大学生思想政治教育的骨干力量，是高校学生思想政治教育和管理工作的组织者、实施者和指导者。高校辅导员在学校对学生进行思想政治教

育，做好服务育人工作，充分发挥其主阵地的作用，首先要充分认识辅导员和班主任在开展思想政治教育工作过程中的责任感、使命感和自觉性。

二、辅导员在开展思想政治教育时存在的问题

（一）思想政治教育专业知识缺乏

现在高校中的辅导员专业背景十分复杂，甚至很多专职辅导员都没有教育学、心理学等专业的出身，这些辅导员自身并不具备开展思想政治教育工作的专业知识与能力，所以说这一类教师在开展工作的时候并不是得心应手的，更有甚者，因为不满足于现状，并没有足够的耐心参加相关的专业培训，这也会使得辅导员更加无法为学生开展合适的思想政治教育工作。

（二）“说教式”“灌输式”的教育方式还普遍存在

值得注意的是，现阶段我国很多高校的辅导员在进行思想政治教育的时候，还只是单纯地进行理论式的说教，并没有根据实际情况以及学生自身的差异性问题进行针对性的教育，而且学生也没有认真对待思想政治教育课程，这样的思想政治教育方式是不合格的，无法深入学生的内心，也就没有办法吸引学生。

（三）开展工作时缺乏必要的亲和力

负责学生思想政治教育工作的辅导员，在没有对学生进行深入了解的前提下，机械地在办公室发号施令，遇到问题仅仅通过发送通知解决。这种思想政治教育方式，因为缺乏对学生的了解，没有办法做到有针对性的教育，最终也无法获得良好的教育效果。

（四）事务性工作占据大部分时间

高校辅导员在开展学生思想政治教育工作时，因为自身工作繁忙，很难有针对性地开展工作。就比如辅导员每天要做的工作有评奖评优、学业规划、就业指导、请假销假等许多琐碎的事情，这些事情占据着他的时间，以至于辅导员无法找到闲暇的时间为学生开展思想政治教育工作，从而导致针对学生的思想政治教育工作只能流于形式。

（五）辅导员对新媒体的利用率较低

伴随着时代的进步，互联网技术也在飞速的发展，新媒体逐渐在人们的日常生活与工作当中占据着重要的地位并提供着前所未有的便利。对于高校学生来说，他们十分依赖于通过新媒体与外界进行交流学习新知识或者了解新信息，甚至通过这种形式频繁地发表自己的观点与看法、吐露自己的心声与想法。相较于紧跟时代潮流的高校大学生，很多高校辅导员并没有重视新媒体在学生教育中发挥的重要作用，只是机械地使用新媒体开展工作，从来没有想过可以通过新媒体拉近自身与学生之间的距离，从而更好地开展思想政治教育工作。

上述出现的种种问题，最终导致学生对辅导员所开展的思想政治教育工作并不上心，甚至从单纯的不感兴趣发展到厌恶。总的来说，得到这样的结果，可以直接宣告高校辅导员思想政治教育工作的失败。毕竟，只有得到学生的关注与认可，有效激发学生的学习兴趣，才能够保证思想政治教育工作的顺利开展，从而获得良好的教育效果。

三、辅导员应如何加强大学生的思想政治教育

（一）坚持以人为本的教学理念

对于高校辅导员来说，在开展思想政治教育工作的过程当中，应当将学生看作与自身平等的对象，毕竟处于大学阶段的大学生，在生理与心理上都已经发育成熟，居高临下的教育态度一定会招致学生的反感。对于高校辅导员来说，相较于传统教育形式中的强制管理教育模式，在新时期更应当采用以沟通为主的教育模式，与学生之间友好且真诚地沟通，只有这样，才能够获得学生的认可与信赖，从而使得学生在之后遇到思想方面的问题时，能够积极且主动地与教师敞开心扉进行沟通交流，寻求相应的帮助。

（二）不断提升自身职业素质

在进行日常学生管理工作的过程中，辅导员会与学生产生频繁的接触与联系，辅导员可以通过提升自身专业素质的方式成为学生的表率，并在学生对其完全信服之后对学生进行思政教育，这样有效提升思政教育的效果。所以说，高校的辅

导员应当对学生的专业学习有一定的了解，在了解的基础上学习心理学、教育学方面的知识，并且还需要保持积极乐观的心态，在日常工作当中与学生进行互动，做到言传身教。

（三）深入了解学生需求，重视角色互换的作用

在开展思想政治教育课程的时候，相较于教材上的理论知识，更应当重视教师与学生之间的情感交流，教师应当真诚且热情地对大学生在日常生活当中遇到的实际问题进行沟通交流并积极处理，在这一过程当中，教师应当运用自身共情的能力，做到与学生感同身受，从而依据自身的专业知识与生活经验，为学生提供合理的建议与帮助。这就要求教师在为学生解决问题的时候，要积极主动地站在学生的角度对问题进行思考，及时了解学生自身的想法，并通过共情的方式设身处地地思考学生遇到的问题，绝对不能过于依赖自身死板的理论知识，借助感情冲动帮助学生解决问题。

为了保证高校的思想政治教育工作具有有效性与针对性，需要高校辅导员在开展工作之前，积极主动地对学生进行深入的了解。高校辅导员开展大学生的思想政治教育工作的前提，就是要先获得大学生的认可。只有大学生认可与接受了辅导员的工作方式，辅导员才能够有效地开展高校的思想政治教育工作。总的来说，因为受教育者是一个个单独的个体，他们在专业知识水平、人生经历等方面都存在差异，为了确保高校思想政治教育的内容能够使每个人都接受与理解，就需要高校辅导员有针对性地根据不同学生的特点，确定教育内容与方向，通过合理的方式引起学生学习的兴趣，进行潜移默化的影响，从而有针对性地进行思想政治教育，确保教育的精准性。

（四）提高思想政治教育工作的亲和力

一般而言，对于高校辅导员来说，开展思想政治教育工作的主要地点并不是课堂，而是在自己所负责的日常琐事中，就比如社团活动、学业规划、就业指导等工作都会与学生有交集，所以说，在开展这些工作的时候，辅导员要有意识地亲近学生，主动与学生进行沟通，从而加深自身对于学生的了解，在平等与尊重的教育观念下，对学生进行情感上的关心，这时就已经开始了对学生的思想政治教育工作。除此之外，辅导员还应当对以往的“办公室教育”的工作方式进行一

定程度上的革新，通过对学生进行深入的走访调查，确定学生的需求与想法，转变自身的工作态度，积极为学生解决学习与生活中的大事小情。更为重要的是，辅导员要积极进行学习总结与思考，多注意在工作之余与学生进行交流，分享自身的人生阅历与生活经验等，这样，在拉近与学生之间距离的过程中，还能对学生进行潜移默化的影响。只有将自身的工作做到尽善尽美，才能够更好地吸引学生的关注，引起学生的学习兴趣，从而有效提高思想政治教育工作的实效性。

（五）不断提高自身的新媒体素养

现阶段，很多大学生在日常生活与学习中十分依赖新媒体，对于高校辅导员来说，要想更加有效地开展思想政治教育工作，就必须积极主动地适应时代的变化，深入学习与了解新媒体，在新媒体环境下，提升自身对于政治的感悟力和敏锐性，提升自身信息分析的准确性，基于此，才能更好地对学生在网络中留下的各种信息进行搜集、整理与分析等工作，在深入了解学生的基础上，利用新媒体技术开展思想政治教育工作，更好地发挥新媒体的优势。在开展相关工作的过程当中，高校辅导员可以通过线上与线下相结合的方式，使用微信等社交网络空间，对学生进行思想上的引导，在潜移默化中对学生施加影响。

1. 更新自身教育理念，培养互联网思维，提升对网络信息的研判力

伴随着现代社会对于人才的要求越来越高，学生的课业压力也越来越重，不管是学生还是家长，都更加重视专业课的成绩，这就导致很多新入职的辅导员因为自身的阅历浅薄，从而只重视学生的日常考勤与学习生活，并不重视为学生开展思想政治教育工作。所以说，现阶段，要想培养学生的思想政治，首先需要扭转学生、教师以及家长的观念，使其能够正确认识思想政治教育的重要性。对于学生来说，在接受思想政治教育之后，更有利于自身形成健全的人格以及养成良好的性格习惯，有效提升自身的学习效率。要想更好地为学生开展思想政治教育工作，学校就应当对辅导员进行专业培训，提高辅导员的综合素质，加强辅导员对思想政治教育工作的重视程度。并且还需要注意的是，高校思想政治教育工作的主要负责人是高校辅导员，但是相关的专业课教师也应当参与其中，双方应当有良好的合作意识，互相交流，实现资源共享，完善思想政治教育工作机制。对于学生来说，学校可以开展专题讲座，使学生了解思想政治教育的重要性。对于

教师来说，学校应当向其普及微时代下的微课堂概念，使得教师能够在微时代的背景下，利用网络开展积极有效的思想政治教育工作。

2. 把握网络舆情动态，合理利用网络平台，正确引导学生的价值导向

高校辅导员在开展思想政治教育工作的时候，可以积极关注课后时间，对其进行合理利用，而且在开展教学的时候，绝对不能够采用传统的教学模式，毕竟这种教学模式已经不能够激发学生的学习兴趣了。研究发现，现阶段，我国的大学生每天使用手机的时长大都超过三小时，所以说，在微时代背景下，高校辅导员可以通过手机或电脑建立平台，实现与学生之间的交流。而且，辅导员还可以让学生下载一些与思想政治教育课程相关的 APP，要求学生完成观看任务并对课后习题进行作答，辅导员应当及时对其进行监督检查。高校辅导员还可以要求学生下载移动客户端，学生可以在上面观看爱国电影，或者是相关的视频，还可以学习理论知识，从而有效提高学生对于政治学习的兴趣。在这一客户端当中，高校辅导员可以以管理员的身份在线为学生答疑解难，方便学生更好地接受政治教育。

3. 掌握网络思想政治教育技能，加强网络互动，提高学生工作实效性

得益于现代网络技术的飞速发展，辅导员可以通过微信或微博等社交平台在课程开始之前发布相关资料，要求学生在线学习，还能通过私信对提出问题的学生进行在线答疑。除此之外，高校辅导员还应当在日常生活与学习当中积极与学生进行互动，在对学生有一定程度的了解之后，有针对性地对其进行思想政治教育。辅导员还可以通过各种社交媒体了解到学生的心理状态与情感状态，积极关注学生的学习情况与就业情况等，从而更好地为学生解决问题，由此，就能够更好地实现辅导员在思想政治教育工作与学生生活中的融合。

（六）创新思想政治教育工作

1. 创新工作理念

第一，以人为本。在教育过程中，要始终坚持以学生为本的教育理念，将学生成长成才的需要作为立足点与归宿点。在开展思想政治教育工作的过程中，高校辅导员要对大学生的思想状况进行深入的了解与分析，积极与学生进行沟通与交流，有效消除学生的戒备心理。由于学生之间存在个体差异，在开展思想政治

教育工作之前，应当有针对性地制订思想政治教育工作的计划，真正做到因材施教。在日常的学习生活当中，帮助学生解决他们遇到的各种实际问题。在思想上，对学生进行正确的引领，确保学生的身心健康。

第二，全方位育人。基于全方位育人理念的思想政治教育工作，能够更好地促进大学生的全面发展。但随着现代社会的飞速发展，高校也在不断地扩招，大学生的数量也在不断增加，对于辅导员来说，其自身的力量有限，很难保证思想政治教育拥有实效性，所以说，应当对教育主体不断拓展，积极发挥学校领导干部、专业课教师以及学生的个人作用，从而形成强大的教育合力。

第三，网络信息化。随着信息时代的发展，为确保思政教育能够更好地被人接受，高校辅导员应当积极提升自身的信息素养，转变自身传统的教育方式，更好地提升自身的工作效率与工作质量。通过互联网时代的“互联网＋思政教育”的模式，充分激发学生的学习兴趣，使其能够深入了解与学习思政教育的内容。当下，辅导员还应当有效增强自身的信息敏感程度，保证自己能够引导大学生在网络环境中明辨是非。

第四，法治理念。基于国家推行的依法治国政策，高校辅导员应当积极提升自身的法治理念，引导学生遵纪守法，使其能够为社会主义和谐社会的建设添砖加瓦。高校辅导员还应当及时了解大学生的想法，及时打消学生的不良想法，防止其误入歧途。基于依法治校的要求，在辅导员开展思想政治教育工作的过程当中，要对法律法规进行详细的讲解。

2. 创新工作内容

首先是职业生涯规划教育。为了更好地帮助大学生走出迷茫，高校应当积极开展关于大学生职业生涯规划的教育工作，有针对性地制订职业生涯规划，奠定大学生未来发展的基础。要引导大学生参与各种活动，通过不同工作岗位的工作来帮助学生认识自己，从而真正实现自我能力的提升与进步。在学校开展的校园文化主题的活动当中，引导大学生充分展示自己的特长，使他们在经过思考之后，确定自己正确的人生目标。

其次是网络素养教育。现在很多大学生沉溺于网络，所以说，网络当中的各种信息能够直接地影响到大学生的思想观念。为了防止大学生在虚拟的网络当中堕落，高校辅导员应当加强大学生的网络思想教育。不但要对大学生在虚拟网络中的行为进行有效的规范，还要有意识地对网络当中的各种不良信息进行过滤，从而更好地实现法治教育与网络教育的结合。

最后是创新创业教育。现阶段的大学生就业形势十分严峻，由此，他们也产生了极大的就业压力，从而更容易在心理与情感上产生问题。高校辅导员可以积极开展创新创业教育工作，及时引导高校大学生转变就业观念，通过创新创业更好地实现自我的价值。这就需要高校辅导员鼓励大学生积极参与社会实践活动，为将来的创新创业奠定基础，并且还要培养其团队合作精神。在开展创新创业的活动当中，学生可以有效了解到自身的不足，也能够发现自身的优势，在经过反思总结之后，能够在最后的日常学习工作当中取长补短，努力增强自身的综合素养，从而为走向社会奠定基础。

3. 创新工作方法

第一点为项目育人。不仅要帮助大学生学习科学文化知识，还要培养大学生的社会责任意识，使其能够在之后的工作当中平衡好个人利益与集体利益，创造自身价值。通过将项目与思想政治教育进行结合，能够更好地引导大学生关注自身专业的前沿动态，以及现阶段的社会实际需求，还能够在项目开展的过程当中，积极提升自身的实践能力，对自己所学的理论知识进行实际应用。在项目实践过程当中，大学生还能够有效发掘自身潜能，拓宽自身知识的广度与深度，还能够通过各种活动更快地实现思想政治教育工作的目标。

第二点为课程化方法。通过开展思想政治教育课程，能够进行体系化、规范化的思想政治教育，还能够实现相关教育成果的科学化评估。在开展思想政治教育课程的过程中，应当根据大学生的实际需求，对所开展的思想政治教育课程进行单元上的划分，增强其课程设置的合理性。

第三点为第二课堂成绩单。可以针对不同学生之间的差异性提出有效的解决对策，从而实现对大学生的合理评价。总的来说，传统的教育工作模式的弊端为单一化，这种模式并不能很好地对大学生自身的能力与特长进行有效的评估。为解决这一弊端，可以采用第二课堂成绩单的方式，主要是从大学生所参加的各种活动入手，对其进行综合素养的全面评估，从而实现社会、学校与学生个人之间的有效衔接，能够更好地为用人单位提供较为可靠的参考依据。在开展相关评价的工作当中，应当遵循定性分析与定量分析有机结合的原则，确保最终的评价具有客观性与价值性。

4. 创新工作载体

首先，网络载体。为适应现代大学生的学习生活需求，高校辅导员可以通过网络积极开展思想政治教育工作，从而更好地实现目标，确保相关教育工作具有较强的时效性。在互联网技术飞速发展的今天，通过各种新媒体，能够更加方便快捷地开展思想政治教育工作，不再拘泥于时间和空间上的限制，能够更好地实现辅导员与学生之间的互动交流，也更加方便辅导员发现学生在日常学习当中遇到的问题，并为其提供具有针对性的建议。辅导员还可以通过各种新媒体渠道及时了解到学生的思想动态，依据学生的兴趣倾向，将思想政治教育内容进行趣味化的表达，从而更好地吸引学生的学习兴趣。

其次，文化载体。通过对高校文化载体进行创新，就能够实现对学生的正面引导，深刻体现出了思想政治教育内容传播中文化载体的作用。高校在建设自身校园文化的过程当中，应当明确办校的宗旨与学校的特色，有目的地增强校园文化的影响力，积极引导学生能够更好且主动地接受先进文化的熏陶。在高校当中的不同院系、不同年级中，其自身的专业特点也具有一定程度的差异性，所以说，在文化载体的建设过程当中，应当保持其自身的个性化，从而更好地实现院系文化与校园文化的有机结合。

最后，活动载体。对于高校辅导员来说，思想政治教育工作不应当仅仅局限于理论知识阶段，更应当引导学生参加各种各样的实践活动，使其能够在实践活动当中明确自身的责任与义务，坚定自身的信仰与理想。通过开展社会实践活动，能够有效地增进思想政治教育与社会教育之间的联系，有效增强大学生自身的社会责任感，还能够使其加深对于当前社会的道德规范以及政治要求的理解。通过引导大学生参加各种实践活动，使其能够更好地进行自我管理与自我教育，提升自身的综合素质。

在确保大学生能够掌握自身专业相关知识的同时，高校辅导员还应当积极开展思想政治教育工作，提升高校大学生的思想政治素养，从而更好地促进高校大学生的全面发展。但是需要注意的是，现阶段高校辅导员在工作理念与工作方法等方面还存在很多的不足之处，使之无法完全契合现在思想政治教育的工作特点，工作时效性也很低。所以说，为了更好地开展思想政治教育工作，高校辅导员应当基于自身的工作特点与现状，对现阶段的工作模式进行一定程度上的创新，从而更好地实现对教育资源的优化配置与高效利用。

第五章 辅导员工作维护大学生心理健康

本章主要内容为辅导员工作维护大学生心理健康，共分为三节进行叙述，分别是高校心理健康教育概述、常见的大学生心理问题、辅导员维护学生心理健康的路径。

第一节 高校心理健康教育概述

一、大学生心理健康的含义

一般而言，对大学生的心理健康研究是基于其心理健康的含义与标准进行的。心理健康的标准就是指一个人对于内部环境有安定感，且能够以任何形式适应不同的外部环境，并不会因为遇到困难与问题而心理失调，甚至还能够通过思考选择合适的方法解决这些问题。总的来说，这种十分安定舒适的心理状态就是心理健康的体现。但是需要注意的是，心理健康并不是一个绝对的概念，它是相对的。目前，我们一般通过以下三个原则进行心理健康的判定：心理与环境相互统一、心理与行为相互统一与人格的稳定性。

一般而言，心理障碍就是指患有心理疾病或者是具有一定程度上的心理失调。大学生的心理障碍多数是指紧张不安或者心神疲乏等，这一类心理障碍存在的时间比较短，可能会导致一定程度上的心理失调，但是它能够随着时间的变化与情境的改变而逐渐消失或减缓；但是还有极个别的大学生心理障碍存在的时间比较长，而且也比较严重，这一类的心理障碍会严重影响到大学生的情绪与心理，从而导致其不得不暂停学业。如果从心理障碍的表现形式观察，我们可以发现，心理障碍有着十分繁多的表现形式，其中最重要的表现形式就是以下两方面，分别是心理活动与行为。对于心理活动而言，主要是指当事人出现了错觉、幻觉、心理紊乱、意识模糊等心理特点，并且其与旁人很难和谐相处；他们在行为方面主要表现为焦虑、冷漠、固执、痛不欲生，等等。

在我国，大学生的年龄一般处于18岁至25岁之间，在心理学上，这一时期被称为青年中期，在这段时期青年的特点有很多。一般而言，对于青年心理健康的判定是根据时代与文化背景的变化决定的。与社会上的青年相比，我国的大学生与之并不相同，所以说，为了更符合现实中的大学生的实际情况，一般可以基于以下几个标准对我国大学生的心理健康水平进行判定。

（一）智力正常

一般而言，智力就是指人的观察力、注意力、记忆力等能力的综合，甚至于其中还包含在经验中的学习与理解能力、获得并对知识进行保持的能力、能够对新的情境进行迅速且成功反映的能力，等等。这些能力都是当代大学生在学习、生活和工作当中必须拥有的最为基础的心理条件，需要注意的是，这些心理条件能够有效帮助大学生更好地适应周围环境的变化，是最为重要的心理保证。通常情况下，我们衡量大学生的智力是否处于正常水平就需要观察其是否能够正常且充分地发挥自我效能，这里的自我效能主要就是指学生自身对于知识是否有强烈的探索欲望，是否能够积极且主动地参与到学习活动中。

（二）情绪健康

情绪健康一般表现为情绪稳定且心情愉快，主要包括多个方面，就比如其自身愉快的情绪远大于负面的情绪，长时间保持乐观开朗的生活态度，并且对生活充满希望；个人能够对自身的情绪变化进行控制，时刻保持自身情绪的稳定，能够在符合社会要求的前提之下进行合理的情绪表达；个人情绪的反映与之所处的生活环境是相适应的，反映的强度变化与引起的这种情境变化也是相适应的。

（三）意志健全

意志，指的是人在完成某一种具有特殊目的的活动时所进行的选择、决定与执行的心理过程。经研究发现，意志健全的人在行动上有着较强的自觉性与果断性。就比如，意志健全的大学生在参加各种活动的时候，都有着极为自觉的目的性，能够及时根据现有情况通过合适的方式解决遇到的问题，并且，在遇到困难与挫折的时候，他们并不会自怨自艾，而是会通过合理的方式，理智且冷静地看待并解决问题，保证自身的行动有着准确的目的性，绝对不会畏惧困难。

（四）人格完整

一般情况下，人格指的是个体较为稳定的心理特征的总和。我们认为，人格完整就是指一个人有着健全、统一的人格，个人的所想、所说与所做协调一致。总结之后可以发现，人格完整指的是，人格结构的各要素应当是完整且统一的；自身拥有正确的自我意识，并不会有自我同一性混乱的情况出现。一个人的人格核心应当是积极进取的人生观，由此，将一个人的需要、目标与行动进行统一是非常有必要的。

（五）自我评价正确

大学生心理健康的重要条件就是能够正确地进行自我评价。大学生在进行自我评价之前所采取的一系列行动，能够帮助自己进行更好的自我了解，从而更为深刻地认识自己，明确自身的优缺点，正确做到既不自傲，也不自卑。心理健康的大学生在面对挫折与困难的时候，依然能够进行自我悦纳，能够正确地认识现实，做到自尊、自爱、自强，积极进取。

（六）人际关系和谐

培养良好的人际关系，不仅能够促进自身事业的成功，也能够更好地实现生活的幸福。一般而言，人际关系和谐主要表现为以下几个方面：首先是十分乐于进行合理的人际交往，能够获得广阔而深厚的人际关系，拥有能够交心的朋友；其次是能够在与他人人际交往的过程当中保持其自身的人格完整与独立，在人际关系当中能够做到不卑不亢；最后是能够对他人与自己进行客观的评价，能够及时发现他人的长处并学习，在人际交往的过程当中能够做到宽以待人，还能够做到在日常生活中乐于助人，带着端正的交往动机，采用积极向上的乐观交往态度开展人际交往。

（七）社会适应正常

个体应当与客观现实环境保持良好的秩序关系。不但要通过观察对现实世界进行正确认识，从而更有效地克服困难，还应当将自我意识与客观现实环境统一起来，互相适应。

（八）心理行为符合大学生的年龄特征

大学生这一群体正处于特定的年龄阶段，所以说，大学生也应当具备与其年龄段相符合的心理行为特征。一般而言，我们通过以下两个方面对大学生的心理健康进行正确的理解。首先是标准的相对性，对于大学生来说，自身的心理健康与否并没有明确的界限，毕竟几乎所有的大学生都会在成长的过程中出现一定程度的心理问题，所以高校辅导员应当及时对大学生的消极情绪发现、了解并予以疏导。其次是整体的协调性。把握住心理健康的标准，应以心理活动为本对其内外关系的协调性进行考察。如果从心理过程的角度观察，我们可以发现，健康的人的心理活动是一个完整、统一的协调体，这种整体协调能够确保个体在反映客观世界的过程当中保持高度的准确性与有效性。事实证明，认识就是健康心理结构的起点，意志行为就是人格面貌的终点，另外，情感是作为认识与意志之间的中介因素存在的。高校辅导员在育人的过程中要认清这三者的作用，增强学生对个人心理状况认识的自觉度，提高学生自我调节意志行为的意识，在情感教育的引导下提高学生的心理健康水平。

二、大学生心理健康的标准

（一）美国学界关于心理健康的标准

美国人本主义心理学方面的专家在经过研究之后提出了十条心理健康的标准。第一，自己要有充足的安全感与自尊心；第二，加深对自己的了解，对自己进行确切的评价；第三，结合自身实际情况安排生活的理想与目标等；第四，要有自知之明，保持与周围环境的联系；第五，保证自身人格的完整与和谐，确保自身的价值观能够具有社会适应力；第六，个人要保持较强的环境适应能力，还要坚持从经验中进行学习；第七，与旁人保持良好的人际关系，做到利人利己；第八，对自身的情绪进行完美的把控，在宣泄自身情绪时保证适度进行；第九，对团体的要求进行服从，但是还需要保持自身的个性；第十，在遵守社会规范的同时，还需要能够在一定程度上满足自身的基本需求。

（二）我国学界关于心理健康的标准

现阶段，我国心理学界的学者普遍认同以下几条关于心理健康的标准：第一，拥有正常的认知能力；第二，会产生适度的情绪反应；第三，拥有健全的意志品质；第四，自我意识能够保持客观、公正；第五，保证自身的人格结构完整；第六，拥有和谐的人际关系；第七，拥有良好的社会适应能力；第八，拥有良好的人生态度；第九，保证自身的行为表现是规范且有序的；第十，在活动效能上拥有与年龄的一致性。

（三）大学生心理健康标准

通过将国内外大学生心理健康方面的专家学者的研究进行总结之后，我们可以将大学生的心理健康简要概括为以下五点：第一点，大学生的智商与情商应当处于正常水平之上；第二点，保证大学生的人格是健全的；第三点，大学生能够恰如其分地对自己进行细致的评价，还能够积极悦纳自己；第四点，大学生要拥有基本的适应能力；第五点，大学生要拥有较强的社交能力。

在对国内外专家学者的观点进行总结，并结合高校新生的角色特征与生理特征，可以确定以下几条判定高校新生的心理健康的标准。

第一点，拥有足够准确的自我认知。2005 年，自我认知在我国就已经有了较为明确的定义，主要指的是在进行社会实践的过程当中，人们对自身的身心健康状况、社会活动以及自身与周围环境的各种关系，需要注意的是，在这一概念当中还包括了对自我进行观察、体验、感知与评价，等等。一般而言，对于大学新生的自我感知培养主要是指能够使他们正确且准确地对自我进行认识，并且还需要对自己进行准确且正确的定位。但是需要注意的是，新生身心发展状况是不同步的，这说明其中一些人的自我认知仍未完全成熟，也因此产生了认知偏差。对于新生来说，应当及时纠正自我认知的偏差，否则会产生各种各样的心理问题。

第二点是正常的情绪反应。总的来说，个体与周围的环境之间存续的某种关系的维系或者是改变就是情绪。对于大学新生来说，从高中毕业进入大学校园学习，这种环境上的改变使得大学新生也发生了改变，并对自身的情绪进行相应的调整。只有拥有了健康的情绪，新生才能够对未来的学习生活保持愉快的心情，充满希望。但是需要注意的是，在日常生活学习中，大学生难免会遇到各种困难与挫折，如果他们能够很好地面对，就表明其情绪是健康的。

第三点是完整的人格。指的是一个人的人格要健全，就是说一个人的知、情、意、行等都是协调一致的。大学新生只有保证自身人格结构的各要素是统一、协调的，自身有积极进取的人生观，并且自身的人格特征与身份、年龄等信息相符就说明该大学新生的人格是完整的。

第四点，正常有序的行为。个人的行为应当遵守社会环境的规则，所以说，在大学新生进入学校之后应当积极进行自我调适，从而使得自己的行为能够符合社会规范的要求。

第五点，协调的人际关系。大学新生在初入校园之时应当积极建立良好的人际关系，获得友谊。

第六点，有着较强的适应性。心理健康的人普遍都具有较强的适应能力，所以说可以据此对人的心理健康状态进行判断。大学新生只有尽快适应大学生活才能够保证其心理是健康的。

第七点，学习与生活充满理想与激情。尽管现阶段的大学新生都对大学生活与学习有着美好的期许，但是需要注意的是，现实与理想总会存在差距，因此，由此产生的心理落差会严重影响到大学生自身的心理健康状态，只有不断对自己的学习目标与人生理想进行修正，才能够长期保持心理健康。

良好的心理素质能够帮助大学生更好地开始大学生活，在大学生活中，大学生在面对挫折时要积极应对，努力克服，及时调整自己的不良情绪，保持良好的心理状态，优化自身的心理品质。总的来说，只有在心理、行为、年龄、身份特征四个方面保持一致，大学新生的心理才是健康的，并且，这一类新生还能够及时根据周围的环境变化进行适当的调适，从而使自己更加符合现阶段的社会环境的外部要求。

三、大学生心理健康教育的内涵

一般而言，大学生心理健康教育，指的是，为大学生开展的各种培养其良好心理品质，以及塑造健全人格的教育活动。在传统的大学生心理健康教育当中，更多的是维持大学生心理非病状态与良好的适应状态的教育，并没有追求实现健康心理的更高层次。新时期大学生的心理健康教育不仅仅是要消除疾病以及基本适应的问题，还应更加重视培养大学生良好的心理品质。在进行大学生心理健康教育的过程中，不但要尊重和利用大学生自我意识运行的心理机制，从而更好地促进大学生进行自我教育、自我管理以及自我完善，还需要重视部分学生自我意识所产生的偏差与矛盾，对这部分学生进行重点关注。而且，不但要引导大学生更好地进行理想自我的提升，还需要有意识地培养大学生的自我意识调控能力，使之能够养成强韧的抗挫折能力以及自我情绪的调节能力。为了能够培养大学生积极向上的人生态度以及执着坚定的信念，就需要重点培养大学生自尊、自爱、自立、自强的良好心理品质，培养大学生的社会责任感与历史使命感，使之能够利用自身的能力造福社会，并创造出个人价值，还需要促进大学生综合素质的发展。现阶段的大学生心理健康教育主要是为了塑造大学生的健全人格，高校所推行的素质教育的核心就是为了培养大学生的全面发展，甚至不但能够在知识能力方面得到发展，还能不断完善自身的人格，所以说，在大学生心理健康教育中，最为重要的一部分教育内容就是对大学生进行健全人格方面的塑造。

四、大学生心理健康教育的特性

在大学期间所开展的大学生心理健康教育主要具有基础性、全员性、互动性、针对性的特征。

（一）基础性

1. 大学生心理健康教育是构建教育的生命基础

生命是教育的前提与基础，生命的发展是教育的根本使命。首先，我们知道，如果没有人的生命，就不可能会出现教育，也就不可能使得人们通过教育实现人与自然之间的信息与能量的交换；其次，人的生命就是对精神和社会属性发展的追求，一个人如果想以社会的形态生存，就需要在生命的基础上进行精神方面的发展。以上概念都能够在心理健康教育中得到体现，而且需要注意的是，心理健康教育不仅仅包含大学生的生命与生活等方面，还极为重视通过构建心理健康危机体系来彰显真实生命与发展生命的意义和价值，从而有效地阻止各种心理疾病以及人格缺失等对人的生命的影响。所以说，这不仅仅是塑造健全人格和主动发展精神的人的基础，也在一定程度上构建和维护了生命基础。总的来说，通过开展大学生心理健康教育能够更好地维护人的生命，毕竟，生命是教育学的根基，从某种意义上来说，通过开展心理健康教育，能够帮助人更好地了解生命，也能够有效地提升人的生命质量。

2. 大学生心理健康教育是承担人才培养的非智力基础

我们认为人是有思想、有感情、有个性、有精神世界的个体，所以说，对于培养人才的大学来说，育人的目标就是培养出有思想、有感情、有个性、有精神世界的人，而并不是单纯地培养出高智商、高能力却死板的“机器”。研究发现，在人的成功因素当中，只有 20% 是智力因素，其余的 80% 来自非智力因素，这也就说明了，人才培养的基础并不是智商，而是包括了气质与性格等方面的非智力因素。大学心理健康教育的主要教育内容就是培养大学生的非智力因素，其自身也承担着人才培养中的非智力基础的意义和价值。

（二）全员性

1. 心理健康教育客体全体参与活动的属性

首先，开展大学生心理健康教育，是为了能够让每一位大学生都能够获得心理健康的基本知识，从而能够加强对自身的了解，更好地进行发展，也能够提升自身的心理调适能力，还能够提高大学生的心理素质。可以明确的是，心理健康教育是全体学生所接受的人才塑造的实践教育中的一部分。其次，心理健康教育的过程，就是每一个学生所参与其中的实践过程，不管是普通人还是有着身体残疾的人，心理健康教育不仅能够对其进行知识的传授，还能够帮助其进行实践体验与内化领悟，在实践过程当中开展自我审视，所以说，心理健康教育能够促进每一位学生进行自我审视与心理成长。作为心理健康教育中的客体，大学生有着更为自主的能力，在接受教育时，也能够更为积极主动地参与到教育活动当中。大学生在大学期间的心理与生理已经接近成熟，他们能够像成人一样进行思考与生活，十分重视挖掘自身的潜能并最终实现自我价值。现阶段，每一位大学生都希望自己能够接受心理健康教育，所以说心理健康教育也具备了更为广阔的覆盖范围，体现了全员性的需求。

2. 心理健康教育主体全体参与活动的属性

要完成对大学生的心理健康教育，就需要各种专业课的教师与相关的管理服务人员共同参与其中，可以明确的一点是，开展心理健康教育的教师是大学生心理健康教育工作中的核心，各位专业教师自身所掌握的专业知识与技能能够更好地帮助大学生提高对于心理健康的认识，更好地增强大学生的心理素质。另外，还需要注意的是，可以配备一定数量的专门帮助大学生进行心理健康教育的教师，使之成为加强大学生心理健康教育队伍建设的首要渠道。要完成对大学生的心理健康教育，就必须依赖于思想政治教育教师，毕竟可以明确的是，思想政治理论课中的一部分课程教学能够有效提升大学生的心理素质，所以说，思想政治教育课的教师也担负着通过各种形式提高学生心理素质的重任。最后，对于高校的管理人员来说，他们也应当对大学生的心理健康教育负责，就比如《关于进一步加强和改进大学生思想政治教育的意见》认为应当将思想政治教育的教育与管理相结合，从而提升管理者的职责高度，而大学生心理健康教育，因为其自身本质上也是思想政治教育各种创新方法中的一种，所以说，开展大学生心理健康教育工作的职责也应当由专业的管理和服务人员肩负。

（三）互动性

1. 主客体间或客体之间的相同或相近价值观和生活方式的互动关系满足不同层次心理需要

在进行大学生心理健康教育的过程当中，很少有大学生会产生精神方面的问题，大多数都是与学业、情感或者是人际关系相关的日常心理问题。一般而言，为大学生群体开展心理健康教育，就是为了在贴近大学生的心理需求，从而有效解决其心理问题的过程当中，建立起主体与客体之间的互动关系，从而形成具有相同或者相近价值观与生活方式等的互动关系，只有这样，才能使学生与教师在情感上产生共鸣，降低自身的心理防御，教师也能够更好地找到学生的情绪疏解点，以及自身与学生进行思想交流的切入点与互动点。由此，就能够更好地满足学生的日常心理问题的需求。

2. 助人自助的互动价值的实现

在进行心理健康教育的过程中，不仅仅是教师对学生的教育过程，也是主体与客体之间互相帮助的过程。在这个过程中，通过讲授与倾诉能够更好地帮助教师与学生建立起互相信任的稳定关系。通过营造这样的氛围，构建稳定的关系，更好地提升学生的主体意识，从而形成主客之间以及客体之间的互助价值。另外，需要注意的是，一方面，施与帮助的教师或者学生能够更好地帮助接受帮助的学生学会独立解决自己面临的难题；另一方面，施与帮助的教师或者学生也可以在为他人提供帮助的同时，进一步加强自身的心理素质，这样也在一定程度上帮助了自己。总的来说，互动性并不仅仅是同情、理解与接纳，还应当在双方进行问题探讨的过程中积极面向正确的价值观念，培养自身独立思考的能力，培养自身独立解决问题、缓解压力的能力，增强自身的心理素质。

（四）针对性

1. 针对大学生活的不同阶段开展教育活动

大学生的心理健康教育主要面向新生、老生以及毕业生，相关教育活动应当有针对性地开展。一般而言，新生的心理素质是参差不齐的，这是由其在大学之前的生活与学习的经历所决定的，所以说，在这一阶段所开展的心理健康教育活动，只是为了帮助新生能够更好地调整自身的心态，找准自身的定位，从而更好地迎接大学新生活。三、四年级的大学生已经对大学的环境十分适应，并能够根据自己的观察与认知产生独立的见解与思想，形成其自身所特有的个性化生活模式，但是需要注意的是，这种模式化的生活很容易使其在遇到挫折的时候产生心理层面上的失衡与偏执，所以说大学生心理健康教育教师要针对这一阶段的学生进行具体的心理问题的专业心理咨询或者心理辅导。对于临近毕业阶段的大学生来说，因为需要面临竞争激烈的就业环境，很容易产生理想与现实之间的心理落差，在焦虑当中产生心理问题，在这一阶段所进行的心理健康教育，就是要为其提供更多的就业知识，引导其建立起正确的就业观念，调整其就业定位，从而让他们以更加良好的心态面对市场竞争。

2. 针对大学生中不同群体的特殊性开展教育活动

对于不同大学生的不同心理问题，高校的大学生心理健康教育应当做到有针对性地开展。就比如家庭贫困的学生，会与家庭富裕的学生进行对比，从而在心理上产生难以言喻的落差，甚至会因为没有办法改变家庭的现状而产生过多的焦虑与压抑情绪，从而衍生出自卑的情绪。所以说，在对贫困学生进行心理健康教育的过程中，主要着力点就是学生的家庭背景以及经济状况，要有效地进行心理预警与干预。在对女生进行心理健康教育的过程当中，需要注意的是，女生心思缜密，情感较为丰富，很容易碰到情感脆弱等心理问题，再加上自身性格内向，没有办法进行正常的情绪释放，从而因为长时间压抑情绪导致抑郁。因此，在对这部分女生进行心理健康教育的过程中，应当给予其更多的环境营造，使女生能够感受到关心与温暖，从而能够更好地释放出压抑在内心的情绪，之后还要教导其怎样调节自己的情绪。作为互联网诞生之后所形成的一个特殊群体的特殊问题，网络生会沉溺于与网络有关的游戏与聊天等场所中难以自拔，从而导致自身的生活水平下降，也没有办法开展正常的人际交往。所以说，在网络上对大学生进行心理健康教育时，应当对网络上的认知与价值观的偏差问题进行纠正，引导其更多地关注现实世界。

第二节　常见的大学生心理问题

由于应试教育的影响，现在的很多大学生都养成了严重的依赖性与学习上的惰性，在大学这个可以自由学习的阶段，部分大学生没有办法独自面对生活与学习中遇到的困难并解决。很多大学生在没有办法解决问题与困难的时候，就会在心理上陷入苦闷与焦虑不安的状态。但是需要注意的是，大学生所产生的心理问题大多数都是一般性的心理问题，为确保大学生未来能够健康发展，要对其进行及时合理的疏导，以免这些心理问题在不断积压之后发展为各种严重的心理障碍，关于大学生常见的心理健康问题可以通过以下几个方面进行叙述。

一、生活适应问题

能够很好地适应环境，就是心理健康的重要标志之一。对于很多大学新生来说，在进入大学之后，能够经过一段时间上的调适，逐渐适应大学学习生活的节奏。但是还有部分学生不能够在很短的时间内转变自身的学习节奏，甚至于没有办法进行转变，从而无法适应新的学习生活环境，因此，就会导致这一小部分的学生在人际关系的处理上过于紧张，并且还出现了精神压力过大或者是神经衰弱的问题，严重影响了他们正常的学习与生活。

大学新生普遍会遇到环境适应的问题，因为不同的学生在生活、学习、成长经历、受教育环境、家庭情况等方面都有着较大的差异，所以，这些学生在初入大学之时应当及时进行全面的自我调整。

对新环境进行适应就是需要大学新生能够及时调整自身，尽快与周围环境和谐统一，很多学生在遇到生活环境改变的问题的时候，经常会因为准备不足等情况而出现各种适应问题。并且，还需要注意，近年来我国的大学生的生活自理能力、社会适应能力、自我调整能力等都比较弱，所以说，现代很多大学生都有着生活适应方面的问题。其中，较为常见的生活适应的问题主要有以下几种，分别是：理想与现实之间产生冲突、对于大学期间的学习产生严重的焦虑、没有一个清晰的自我定位与人际交往不畅，等等。一般而言，大学新生在生活适应方面的问题比较常见，要想进行调适就需要学生在自我认知、人际交往和自然环境等方面进行适应和调整。我国学者根据我国大学生的实际情况，对大学生的生活适应提出了“四个学会”的任务：学会做人、学会做事、学会与人相处、学会学习。这不仅是为了使大学生的行为符合其身份和行为规范，更重要的是能够让学生获得认识环境、适应社会的手段和能力。如果大学生生活适应问题较长时间未能得到解决，严重者可能出现适应障碍，此时，辅导员或家长就需要聘请专业机构的人员进行干预治疗。

二、个性心理问题

当今社会，追求洒脱、追求独特的个性心理已经成为大学生极其显著的心理问题。在全国各大高校的调查问卷中，个性心理问题是当今所有高校教育工作者面临的挑战，其中非主流的时尚观、眼高手低的就业观、崇尚名牌的攀比观、“鹤立鸡群”的个性观是大学生不良个性心理的具体表现。

（一）非主流的时尚观

近几年来，网络的迅速发展进一步促进了时尚因素的发展和流传。“非主流文化”就是其中的幸运儿之一，它带着浓郁、黑暗的色彩轻而易举地走进了那些被应试教育束缚的青年学子的心。也许，对大多数的学生而言，太多的压抑、太多的苦恼无人诉说，而“非主流”这些黑暗的色彩和图案却能够在某种程度上与他们产生共鸣。一望无际的黑暗是他们的茫然，偶尔鲜红的色彩是他们心中饱含的唯一希望和动力。就这样，“非主流文化”一炮走红。

可是，充满生机的“非主流文化”却失去了生命的色彩和前进的希望。原本那些点缀心灵的颜色渐渐消失，取而代之的却是数不尽的暗淡和狰狞。各种不知所云的个性签名，还有荒诞离奇的劲爆音乐与颓废消极的海报图片大行其道，随着时间的推移，非主流甚至被民间视为时尚的代表风靡全国。但是需要注意的是，这些荒诞离奇的非主流要素会鼓动青春期青少年的躁动情绪，会严重影响各方面都尚未发育成熟的大学生的思想。这一“非主流现象”所带来的负面影响数不胜数，如会让接触了“非主流现象”的大学生逐渐丧失自制力与判断力；情绪上逐渐消极且颓废、性格上逐渐变得孤僻、心理上充满不安的感觉等，这些都是需要重点注意的问题。

但是，在我们身边还有很多大学生期望从“非主流文化”中得到慰藉。为了追求与众不同，这些人逐渐分不清虚拟与现实，不再自尊自爱甚至开始自我伤害，肆意无度地挥霍金钱，过分地追求自己的另类身份。但是，大多数大学生追求非主流并不是通过自主意识决定的，很多都是因为心理上的盲从，对所接触的事物缺乏正确的认知。所以说，应当对大学生进行健康的文化引导，使之能够明辨是非，从而保障自身心灵的纯净。总的来说，“非主流文化”并不是一种时尚的文化，而是吞噬大学生心灵，引领大学生误入歧途、走不归路的罪魁祸首。

（二）眼高手低的就业观

大学生是社会中思想最自由、最开放的群体，具有非同凡响的创造力的他们是中国未来的希望。然而，环境低劣、教育方式死板等不良因素促进了幼稚观的发展和壮大。那种所谓的成熟心态就成了当今大学生的致命伤。

教育是就业的途径，是描绘未来的希望。对大学生而言，受教育的最终目的就是就业。找一份好的工作、有一个好的归宿是全天下学子和父母的心愿。然而，近几年来，全国的大学都加大力度实行扩招政策，大学生的毕业率高幅度增长，已经接近社会负荷，因此社会竞争也越来越激烈。不仅如此，当今的大学生在许多企业眼中，不过是一桩没有雕琢的木头，不仅理论知识不完善，技术、经验更无从说起。大学生面临着“毕业就是失业”的严峻问题。

在这样紧张的社会氛围下，学生却还养成了一系列不良的就业观，其中“眼高手低”最为突出。每个莘莘学子都是经过十余载的寒窗苦读，投入了巨大的教育成本和精力才完成了学业，当然每个学子也都渴望能够找到一份理想、高薪的工作。在追求高薪职位的过程中，难免有磕磕碰碰，这却成为大学生逃避现实的借口。许多大学生不仅没有明确的目标，还有着盲目从众的求职心态，在众多人群中，自己的特长又被淹没，自然找不到好的工作。不仅如此，大学生群体还出现了严重的自我意识偏差。很多大学生并没有认真了解自己也没有认真了解市场，盲目追求过高的薪资与职位，但是自身的能力与之并不匹配，最终出现了“高不成，低不就”的局面，从而出现大学毕业生“就业不难，择业难”的情况，甚至于很多大学毕业生宁愿在家中待业或者做些临时工作也不愿意将就。要想找到一份好的工作，首先要解决的问题就是“眼高手低”。

（三）崇尚名牌的攀比心理

崇尚名牌的攀比心理在大学校园里几乎像家常便饭一样随处可见，服装和鞋不再以舒适、漂亮吸引大学生眼球，相反牌子的知名度成了衡量衣服好坏的唯一标准。其实，大学生本不应沉迷于这些虚无缥缈的东西，本应该和这种不良风气作斗争，但不幸的是，许多学生就像迷路的孩子，深深地被眼前的浮华困住，无法自拔。

一般而言，校园中的攀比指的是那些消极的、会产生情绪性心理障碍的比较，这种比较会使得心理脆弱的学生陷入思维的死角，从而产生巨大的心理压力与精神压力，严重的甚至会产生较为极端的自我否定或者自我肯定。经过研究可以发现，学生之间产生这种攀比行为的最大原因就是缺乏对自己与周围环境的理性分析，而是仅仅沉溺在攀比之中，患得患失，对人对己都很不利。当然，校园中的攀比行为通常是由嫉妒和虚荣心引起的。对于刚走出家门、步入小型社会的大学生来说，既没有了老师苦口婆心的叮咛，又没有了父母时时刻刻的耐心指导，思想、价值观尚未成熟的他们往往会深陷于此。

在开放的校园中，学生是自己的罗盘，要学会把握自己的人生方向。农村的孩子上大学就意味着第一次走进城市，满怀憧憬的他们在看见灯红酒绿的城市生活后或许会目瞪口呆。他们也想伸出双手去拥抱这些奢侈的东西，但是有些机会并不是平等的。当然，家庭不富裕也影响着农村大学生在学校的发展，当看到同学们打扮得花枝招展、讨论着昂贵的物质时，衣着寒酸的学生自然会心中不好受，心中也会激发出无穷无尽的情感，起初是好奇、羡慕，接着就是嫉妒、怨恨。最后，原本纯洁的他们也沦落为庸俗的人。

当今的部分大学生“现实”得可怕，在他们眼中，漂亮不在于容颜，高贵不在于气质，知识不在于渊博，朋友不在于相知，恋爱不在于相爱。名牌服装、鞋子，精致的妆容，名贵的跑车和资产的多少反而成了校园内羡慕的主流。如今，学生攀比的例子数不胜数，名牌似乎成了当今部分学子的最高信仰，令人寒心。

（四）“鹤立鸡群”的个性观

对所有大学生而言，他们都是最优秀的人。他们都是经历了层层选拔，从五湖四海辛苦赶来求学的，但是有比较，就一定有胜负。每一个人都想成为最耀眼的那颗星，都想成为茫茫人海中最与众不同的人。秀才艺，走个性之路是当今大学生展示自我最好的捷径。然而，有些大学生无法把握正确的心态，他们虽然追求个性，却以另一种方式演绎着：女孩子浓妆艳抹、服装怪异，耳朵上的耳洞多得数不清；男孩子打架斗殴、抽烟酗酒，头发染得五颜六色。他们认为这就是个性，就是时尚，就是与众不同。很多学生觉得死学习、秀才艺的人都是庸俗至极的人，而他们才是最有个性、最有魅力、最帅气的人。更有一些学生明知这些现象十分恶劣，却在心里鼓励这种现象，追随这些学生，以此来吸引他人眼球。这种不良风气在大学生之间并不少见，的确引人深思！

三、学习问题

在大学新生刚进入新的学习环境进行学习的时候，大多数都不会很快地适应。对于大学生来说，自己的任务就是学习，在学习中遇到的各种难题与挫折都会对学生产生一定程度的影响，也因此，我们可以发现，能够引起大学生焦虑情绪的一个原因就是其自身的学习成绩不够优秀。

作为大学生的重要任务，学习成绩会对大学生的情绪波动产生巨大的影响。一般而言，过于沉重的学习压力会对大学生的智力活动能力产生限制，会严重影响到大学生的学习效率，也因此会降低大学生的学习兴趣，逐渐丧失对于学习的信心，使自己长期处于焦虑不安当中，最终产生心理障碍。

在大学期间，大学生遇到的主要问题就是学习方面的问题，大学生普遍的学习心理问题主要有缺乏学习动力、紧张、焦虑、学习疲劳，等等。

（一）学习中的压力与动力

就学习动力而言，不少高中生的学习目标就是为了考大学，而大学学习是为走向社会做准备。大学生不仅要建立自己的长远目标，还需要在长远目标的指导下，设定近期具体的学习目标。许多学生无法适应没有家长和教师监督的学习，无法激发自我的内在动力，因此陷入目标迷失、动力缺失的学习困惑中。

心理学方面的专家在经过研究之后发现，如果一个个体在经过判断之后确认没有办法对当前变化的环境进行完全的控制，或者是对于将要发生的事情无法完全掌握，那么个体的认知功能就会解体。需要注意的是，如果这种情况是长期而持续的，那么个体就会因为种种压力而逐渐丧失积极的意志，最终不再有任何追求，陷入绝望的心理困境，我们一般将这种绝望的心理困境称为学习无助感。

这种学习无助感在大学生的学习过程中主要表现为 3 种情况：

1. 学习压力大

就比如，刚进入大学的新生没有办法完全适应大学学习与生活的模式，因为在教育学的模式使用上，高等教育与中等教育存在着较大的差异。又或者是，面对着飞速发展的现代社会，部分大学生逐渐认识到知识对于自己未来人生发展的重要性，还意识到如果不具备新知识，也没有掌握创新能力，会严重影响到自己未来发展前景这个重要问题。一般而言，大学生不但要学习专业知识，还需要参加各种考试，在这种高压的学习状态之下，由于一直无法摆脱紧张的学习氛围，就很容易在心理上不堪重负。

2. 学习动力缺乏

一般而言，我们认为学习动力缺乏就是大学生没有足够的内在驱动力，也因此，他们没有明确自己的学习目标，在学习的过程当中，不会获得成就感，也不会对个人未来的发展有任何期待，甚至于逃避和厌恶学习，也不会对新知识有较强的追求。值得注意的是，伴随着信息来源渠道的增多，大学生很容易受到现在社会上一些不良因素或者是负面价值观念的影响，从而逐渐产生目光短浅、缺乏社会责任感的心理倾向。并且在这种负面因素影响之下，大学生不会在学习方面有较强的求知欲，也不会有坚持不懈继续学习的动力。例如一些大学新生，他们在报考的时候，没能被理想的学校录取，或者是在选择专业的时候，对所选专业不够了解，直到进入大学才发现自己对于本专业的学习并不感兴趣，这些都会严重影响到学生的学习热情与学习动力。

在现代社会当中，家庭、学校与社会等方面的影响，都会使得学生逐渐丧失学习动力。甚至伴随着贫富差距的不断扩大，就算长期处于高校中的大学生，都会逐渐产生浮躁心理，功利意识逐渐占据主流，许多大学生开始崇尚拜金主义。并且需要注意的是，因为高校的专业设置口径过于狭窄，已经没有办法完全适应社会用人与学生个人发展的需求，从而直接导致大学生就业困难。并且，因为高校的教学内容并没有与时俱进，专业课教师所使用的教学方式也过于死板，授课水平不如人意，诸如此类的因素使得高校大学生缺乏学习动力。对于部分大学生来说，父母所给予的过高期望，使他们感受到了沉重的学习压力，过于追求学习成果也严重限制了对于学生学习潜力的挖掘与培养。伴随着紧张的高中备考生活的结束，随之而来的闲散的大学生活，使得诸多大学生开始释放个性，这就导致其不再具备足够的学习动力，从而使得大学生的社会责任感逐渐下降，价值观念也逐渐不健全，慢慢开始缺乏自我效能。

一般而言，缺乏足够的学习动力，会导致学生的学习心理出现问题，所以，学习动力的培养对学生的心理健康教育十分重要。

3. 学习动机过强

学习动机过强就是指学生过于急功近利，盲目追求学习成果，对于自身的要求已经远远超出了自己的能力所能承受的范围，又或者是采用了死板僵硬的学习方法，最终因为无法负荷繁重的学习任务而使得自己身心俱疲。

造成学习动机过强的原因除外界竞争压力大、父母家庭给予的过高期望外，主要因素还是学生自身。有的学生对自己的能力认识尚有不足，理想抱负不符合社会的现实，与社会现实严重脱轨，超越了自身的实际水平；而有的学生则是因为貌不出众，过分自卑，封闭孤独，不愿参加丰富多彩的校园活动，以学习成绩拔得头筹来获得存在感；学习动机过强与性格关系密切，越是自闭、不善交际、自尊心过强的人，越容易陷入死学习、读死书的境地。

学习动机过强容易使学生力不从心、学习焦虑，身体和心理都受到伤害。

（二）注意力不集中，学习效率低

大学生注意力不集中的现象，主要体现在刚入学的新生上。其原因主要有：第一，专业不对口。这一类学生的专业填报大多是家长或教师决定的，并没有遵循学生的意见；第二，在学校，校方并没有对这一专业的专业前景、现状、发展潜力等信息进行介绍，使得学生对本身专业知之甚少；第三，在新生入学之后，因为没有了高考的束缚，也没有就业的压力，开始逐渐放飞自我，不再具有强烈的学习动机；第四，由于大学和中学的学习特点不同，所以没有掌握学习规律，造成学习过程中的注意力分散。

（三）学习焦虑

焦虑，指一个人的动机行为遇到挫折而产生消极的情绪。焦虑可以分为低度焦虑、适度焦虑和高度焦虑。

学习焦虑主要是指大学生在学习中不能够达到预期的目标而产生难以排解的压力，最终导致自身的自信心遭受严重的打击，又或者是因此产生的庞大的失败感而形成的一种紧张不安的情绪状态。

就学习内容而言，大学的专业课程较之中学的基础课程，在广度和深度上存在较大的拓展和加深；由于各种因素的影响，部分大学生所学专业并不一定是其兴趣所在；其他一些原因也造成了大学生对其专业学习的抵触情绪。

就学习方法而言，大学的学习以学生自学为主、教师指导为辅，需要学生高自觉、高强度、高主动、高效率地学习。那些习惯了中学教师“满堂灌”教学方式的学生，对大学学习需要一个适应期。

经心理学研究之后发现，一定程度上的焦虑能够促进学生进行学习，但是低度焦虑与高度焦虑都不会对学生产生良好的辅助效果。过度的焦虑会使得学生感到沮丧与失望；过少的焦虑会使得学生不思进取。所以说，适度的焦虑能够有效促进学生学习成绩的提高。

一般而言，能够造成学习焦虑的因素主要有以下几种：首先是由于自尊心受伤而产生难以言喻的挫折感与愧疚感；其次，因为在心理上受到了虐待，所以自身的焦虑不安与恐惧等情绪互相结合形成了焦虑的状态；另外，在学习当中还会因为偏科导致学习信心不足，深陷于对不得要领的科目的焦虑中；又或者是因为生活的不规律等因素导致身体不适，学习的心理压力陡然增大，最终导致学习焦虑；最后是因为学生自身性格内向，没有较好的自控能力与应变能力，由于过度紧张而产生学习焦虑。确定学习焦虑的产生原因就能够有针对性地进行纠正，从而使其重拾信心，更好地进行学习。

（四）学习疲劳

在经过长时间持续的超高强度的学习之后，大学生的身心都呈现出了一种疲惫的厌学状态，这就是学习疲劳。一般而言，学习疲劳会导致学生的精神涣散，没有办法集中注意力，甚至会出现感知麻木、情绪不安等心理问题，严重的还会出现肌肉痉挛、各功能失调等生理疾病。

作为心理疲劳的一种，厌学是典型代表。现阶段的厌学现象主要出现在大学生群体中，主要表现为学习不积极，上课注意力不集中，经常上课迟到等情况，这会导致大学生的学习效率显著降低学习成绩下降，甚至挂科。导致学习疲劳的因素主要有不注意科学用脑、学习过度紧张、睡眠不足、在恶劣条件下学习等情况。

因为人体的心理生理规律，学习疲劳能够在适度休息之后得到恢复，但是如果长时间处于疲劳状态，就会导致自身神经衰弱。所以说，在学习时应当科学用脑，只有消除疲劳才能够更高效地学习。

（五）考试焦虑

考试焦虑就是指因为担忧自己的考试结果而产生的一种紧张的心理状态。一般而言，考试焦虑主要出现在考试前后，在这段时间里，学生的精神高度紧张、心烦意乱，甚至会出现肠胃不适等生理状况，在考试期间会呼吸急促、出汗、头昏眼花、尿急等，较为严重的甚至会晕倒。

考试只是一种检测学生学习效果的方法，并不是绝对的，但学生往往过于在意其外在因素，如奖学金、保研等。造成考试焦虑的因素既有客观因素，也有主观因素。

客观来看，就考试本身的重要性与竞争程度而言，考试焦虑有不同程度的表现，学业期望与考试焦虑是成正比的，对知识的掌握程度与考试焦虑成反比，考试的压力在同学们之间的传递也有一定程度的影响。

主观来看，敏感、自闭、缺乏安全感和自信心，做事追求完美的学生在考试中容易出现焦虑心理；连续的挂科体验会让学生丧失考试信心，从而产生焦虑；复习不充分，考试前易出现焦虑；对考试外在价值的过分看重会加剧恐惧考试失败的心理压力，更易出现考试焦虑。

考试焦虑是大学生中常见的心理问题，由焦虑所引起的考试作弊、发挥失常等在很多大学生身上都发生过。为此，应高度重视大学生在学习中遇到的心理问题，通过多途径引导大学生适应大学的教育方式，培养健康的学习心理，并不断加强其自身的学习修养建设。

四、人际交往问题

人际交往指的是通过运用各种语言或者非语言符号进行不同人之间的意见交换与思想交流的过程；人际关系指的是通过交往这一活动而形成的人与人之间的关系。

面对新环境、新面孔，怎么与别人相处，这些问题会让一部分大学新生产生困惑。有的人自信心很高，希望别人都喜欢自己，反而给别人留下以自我为中心的负面印象；有的人因为来自农村或者贫穷家庭而自卑；有的人认为自己有很多毛病而自我轻贱、远离集体，造成了人际交往渠道阻塞。大学生人际交往存在的各种问题，给生活和学习造成了阻碍，无法体现大学生阳光向上、祖国栋梁的优势。全面的复合型人才需要具备良好的交往沟通能力，所以人际交往问题是大学生心理健康中非常重要的问题。

（一）大学生人际关系的构成

首先是师生关系，需要注意的是，教师与学生是大学校园中最为基本的两个群体。其中，教师也是学生进行人际交往的最为重要的对象，这也就决定了师生关系是大学人际交往中最为重要的内容，所以说，师生关系的健康发展会在一定程度上直接影响到学生在校园生活中的身心健康。

其次是同学关系，需要注意的是，同学关系可以看作是现代大学生人际交往中的最为基本的人际关系，而且，这也是大学生进行人际交往的主要对象。一般而言，在大学校园中，同学关系总体而言是和谐且友好的，同学之间并没有各种钩心斗角的算计，呈现出亲情化、家庭化的趋势，同学关系包含有寝室关系、班级关系、男女关系等。

（二）大学生人际交往问题的常见心理

第一，功利心理。在人际交往过程中有部分大学生过于关注自身利益，仅仅考虑自己的需要与感受，并不尊重其他人的价值与人格尊严，漠视他人的利益。功利心理主要体现在以自我为中心、自傲心理、自恋心理、自私心理、支配心理、虚假心理。

第二，冲动心理。大学生处于特殊的心理发展期，自制能力弱，遇事容易冲动。冲动心理主要体现在敌视心理、敏感心理、随意心理。

第三，封闭心理。有些大学生在与别人交往时，总喜欢掩盖自己的真实思想、情感和需要，在他们看来，人世间的一切都是那么无聊，令人厌倦；他们往往持着一种孤傲处世的态度，只注重自己的内心体验，古怪的行为和习惯有时令人费解。这种人交往失败的原因就在于他们在心理上建起了一道屏障，把自我封闭了，无法与他人沟通，从而使自己的人际关系处在危机之中。封闭心理主要体现在自卑心理、恐惧心理、孤僻心理、害羞心理、怯懦心理。

第四，面子心理。爱美之心，人皆有之，爱面子更是大学生的一大特征。面子心理主要体现在嫉妒心理。嫉妒是对某些方面比自己好的人产生的一种怨恨和愤怒相互交织的复合情绪。每个大学生都有希望自己成功的欲望，有超过他人的冲动。一些大学生对超过自己的同学不服气，对自己的境遇不甘心，但又无能为力，于是常常不加分析地批判、对抗他人的言行，甚至打击报复别人，渴望以此来缩小彼此之间的差距，满足自己的心理需求。

（三）大学生人际交往问题的产生原因

第一点是外因，主要是指家庭成员、社会、学校、教师、同学等的影响，就比如家庭贫困、同学之间互相攀比等都会导致学生产生自卑的心理，又或者是学校的教师并没有及时为学生进行良好的心理辅导，等等。

第二点为内因。主要就是指学生自身的因素，经过研究总结之后可以确定有以下几个方面，分别是人格因素、认知因素和情绪因素。

其中，在人格方面，大学生在大学期间正处于自身人格品质的形成与完善的关键点，在这一时期的学生还没有形成一个完善的三观，甚至一些大学生会表现出自私自利、唯利是图等性格特征，严重影响到了大学期间良好人际关系的建立。

另外，在认知方面，由于大学生长期生活在学校中，并没有足够丰富的人生阅历与生活经验，这就使得他们的思想过于理想化，但是需要注意的是，现实与理想化的世界是有着很大的差异的，如果这些认知有偏差的大学生不能够及时纠正自己的认知，就会严重影响到自己的人际交往。

最后，需要注意的是情绪方面，大学生正处于青春期，其自身有着较强的个性与丰富的感情，如果不对自身的情绪进行及时的调节，就会因为自身的丰富情感而产生情绪障碍。

（四）大学生人际交往问题的类型

经过统计之后发现，大学生一天的所有时间，除了睡觉之外，剩余时间中的70% 是用来进行人际交往的。但是通过对各种资料的研究，我们可以发现，许多大学生对于人际交往的理解与期望并不全面，甚至于很多大学生的人际关系都不尽如人意，因此，很多大学生产生了种种困惑与烦恼，并且在这段关系当中情绪低落，对于自己的人生观与价值观产生了怀疑。一般而言，大学生的人际交往问题主要有以下几种类型：

1. “社交恐惧症”

在日常生活中进行正常的人际交往的时候，每个人都会产生不同程度上的恐惧心理，这是正常的心理反应，但是有一部分的大学生的反应十分强烈，这是不正常的。有些大学生在交往过程中，会因为自身自卑与害羞等因素的影响而过于紧张，乃至于面红耳赤，不敢直视对方。在与人进行交谈的时候会出现语无伦次的情况，而且还会极度厌恶集体活动，恐惧与其他人打交道，也不敢表现自己，这种症状在心理学上就被称为“社交恐惧症”，这种病症会严重影响到患者的日常生活与身体健康。

2. 自我封闭，不愿交往

在进入大学之后，部分学生发现自己不再出类拔萃，比自己优秀的人比比皆是，这就导致其逐渐产生自卑心理，直至发展为人际交往障碍。

3. 渴望交往但困难重重

因为自身的交往方法、能力或者是人格缺陷等原因，导致其尽管付出种种努力寻求交往，但是结果总是不尽如人意。

4. 交往热情但缺少知心朋友

这类学生能正常与他人交往，人际关系也不错，但总感觉与人相处没有深度，相互之间缺少影响力，没有能互吐衷肠、肝胆相照、配合默契、同甘共苦的知心朋友，为此，这类学生有时也感到无奈和困惑。

5. 交往平淡，浮于表面

这类学生能与他人交往，但总感到与他人的交往处于一种敬而远之的状态，彼此客客气气，没有关系较密切的朋友，多属泛泛之交。人际关系浮于表面，流于形式，难以保持和发展良好的人际关系。这类学生多感到空虚、迷惘、失落。

五、情绪问题

美国学者马斯洛提出的关于人心理健康的标准，其中之一就是：能适度宣泄情绪和控制情绪。可是在现实生活中，却发现不少学生的情绪飘忽不定、喜怒无常，有些人为了一点小事常与别人大吵大闹。甚至于还有一些人因为一些小事郁结于心，需要注意的是，这些过度的情绪都反映了自身有着十分不健康的心理特质。

对于大学生来说，大学的生活并不轻松，过大的心理压力、过重的学习压力、过于激烈的竞争压力使得诸多大学生的情绪一直处于紧绷的状态。但是，我们要知道，在影响大学生的身心健康的诸多问题当中最为显著的一点就是大学生的情绪问题。在大学生活中产生一些考试中的紧张与焦虑之类的适度的负面情绪反应是合情合理的，但是如果因为产生的情绪影响到了日常的生活与学习，就需要对其重点关注，及时疏解，下面将会对大学生中最为常见的几种情绪困扰进行叙述。

（一）自卑

自卑主要就是指大学生会进行过多的自我否定，从而产生的自惭形秽的体验。一般而言，自卑的人总是过于轻视自己，不但认识不到自身的长处，还会过于关注自身的短处，所以，在日常生活当中，自卑的人经常表现出胆怯与畏惧，总是担心会被别人嫌弃与拒绝，在人际交往等日常的行为当中总是逃避。

（二）抑郁

作为现代的很多大学生都会出现的情绪问题，抑郁情绪的形成有着多方面的因素，很多同学或是因为学习成绩落后，或是因为情感受挫，又或者是因为家庭出现意外等的刺激，在心理上没有办法承受，因此而产生巨大的压力，出现了抑郁的情绪反应。在日常的行为表现上，抑郁主要表现为当事人对学习和工作没有兴趣动力，反应迟钝、无精打采，而且也不再进行交际活动，甚至会出现食欲不振或者失眠的情况。一般而言，对于那些虽然处于抑郁状态，但是能够对自身遭遇进行理智且恰当的分析与认知，并且能够进行一定程度上的调整与控制，而且虽然有抑郁的体验，但是并没有表现出异常的行为，我们就可以将其认定为正常的情绪反应。现在的很多大学生或多或少都有过这种消极情绪，但是出现的时间都比较短，并且随着时间的变化而逐渐消失。但是不可否认的是，有少数出现这种消极情绪的学生，因为自身性格内向且孤僻等原因，没有办法排解这种消极情绪，从而长期处于抑郁状态，并最终导致其患上抑郁性精神疾病。总的来说，如果抑郁状态影响了人对于自身处境的判断并使其产生各种与社会常规偏离的行为，我们就可以将其认定为情绪异常。

（三）焦虑

焦虑本身就是一种情绪反应，一般而言指的是个体对于现在所遇到的挫折或者是能够预感到的将会产生的挫折，产生的一种紧张忧虑并且有一定恐惧性的消极的情绪状态。如果焦虑的状态十分严重，并且持续的时间比较长，就有可能形成神经性焦虑的病理状态。焦虑状态会严重影响到人们的正常生活，长时间的或者频繁性的焦虑会拖垮人的身体，也会影响到精神上，严重的会产生极端的念头。在大学生群体中，焦虑也是较为常见的异常情绪与心理障碍，他们的焦虑主要涉及以下几个方面：考试焦虑，指的是害怕自己考试成绩不理想以及渴望获得更好的考试成绩而产生的心理状态；身体健康焦虑，就是指因为过于关注自己的身体健康状况而产生的焦虑不安的心理状态；适应焦虑，就是指大学新生在面对因为无法适应新的学习与生活环境而产生的焦虑。

（四）冷漠

一般而言，个体在遇到挫折之后会产生焦虑的情绪，为抵御焦虑情绪产生的防御手段就是冷漠。冷漠包含有情感淡漠、情绪低落、意志衰退、思维停滞，等等。对于个体来说，处于挫折环境中的时候，冷漠就是一种更能够完成自我逃避的退缩心理，其本身有着一定程度上的自我保护意识或者自我防御性质。当学生在学习生活或者是就业择业的时候，会因为感受到挫折而无能为力，在这时，他们就经常会使用冷漠保护自己，主要表现为以下种种心态：情绪低落、沮丧失落、意志麻木等。

（五）愤怒

对于人来说，愤怒情绪的产生是因为客观的事物与其主观的愿望是不契合的，或者是其自身的愿望没有办法获得满足。经过相关的心理学研究之后发现，在人的内心产生愤怒情绪的时候就会产生心跳加快、心律失常等躯体症状，与此同时还会导致当事人的自制力逐渐减弱甚至丧失，严重的还会导致其做出一些难以弥补的令人无比后悔的事情。

（六）嫉妒

一般情况下，嫉妒就是指当看到别人在某一些方面远远超过自己，从而产生的不愉快或者是痛苦的情绪体验。需要注意的是，嫉妒这种情绪体验是一种情绪障碍，它会严重扭曲人的心灵，会在一定程度上影响到人与人之间真诚的交往。一般来说，嫉妒是自尊心的一种异常表现，广泛存在于大学生当中。就比如在大学期间，有些大学生在看到他人的专业知识技能水平远远超过自己或者是外貌超过自己等情况，都会在内心产生痛苦或者是愤怒的情绪。嫉妒这一情绪还表现在当看到别人身陷囹圄的时候幸灾乐祸、落井下石，经常在背地里对他人进行恶意的中伤与诽谤。

六、自我意识问题

大学生处在一个朝气蓬勃的年龄，有太多不同的思想在校园中碰撞，产生火花，而大学生的自我意识也随着校园流行元素、个性元素等的不断变化，在心理、生理等方面也有所变化。

（一）自我意识的内涵

美国心理学家詹姆斯曾说："凡属于我或与我有关的事物都是自我的内容，如身体、品质、能力、愿望、家庭等，自我在物质自我、精神自我和社会自我三个层次起作用。"① 而美国社会学家、社会心理学家米德曾指出："自我分为主体我和客体我，主体我代表每个人的自然特性，而客体我代表自我的社会一面；主体我先于客体我形成，客体我形成需要很长的时间，自我意识的发展包括主体我与客体我的不断对话。"②

通过对自身以及自身与周边环境关系进行了解之后获得相关的认知从而得到自我认识，这是一种人对于认识自己的统一方式，还包括人对自己的身心状态以及自身与客观世界关系的认识。自我意识是随着人生每一阶段的成长而逐步发展的，是决定大学生生活态度和行为的一个重要因素。加强对大学生自我意识的调节控制，能够更加方便帮助学生建立起正确的三观，有效促进大学生的身心健康发展，对促进大学生德、智、体、美、劳全面发展有着重要意义。

（二）自我意识的重要意义

在个人的发展过程当中，自我意识无时无刻不在发挥着巨大的作用。第一，自我意识能够帮助个人对身边的客观事物进行认知；第二，要想具有自我控制力，就需要培养自我意识，从而能够更加方便地进行自我教育；第三，自我意识能够有效敦促自己进行自我改造，不断完善自我。所以说，个人的价值判断与个性的形成主要依赖于自我意识，而且，自我意识还能够在一定程度上控制个人的个性形成倾向。

（三）大学生自我意识问题的表现

第一，在生理自我方面的表现。一方面，表现为较关注自己的身体健康状况；另一方面，表现为较关注自己的外貌。

第二，在社会自我方面的表现。一方面，人际关系普遍良好，但也存在一定

---

① [美]威廉·詹姆斯.心理学原理[M].田平译，北京：中国城市出版社，1989.

② [美]玛格丽特·米德.精神自我与社会论文集[M].北京：光明日报出版社，2009.

的行为困扰。大学生有着强烈的归属感和认同需求，渴望交际和分享，想要成为群体中受欢迎的“明星”，然而出于自我保护的需要，他们对人际交往又有一定的戒备心理，这种交往欲求与自我封闭的矛盾使大学生在人际关系方面存在一定的行为困扰。另一方面，大学生总体上的人生目的是明确的，主流思想是健康的，但也存在一定的迷惘。随着自我意识的发展，大学生的“自我理论”也在不断确立和整合。虽然说他们总体的人生目的是明确的，但仍对未来有着焦虑和迷茫。

第三，在心理自我方面的表现。首先，具有强烈的自我表现意识，但缺乏自我控制力；其次，自尊心过强，容易产生不良心理，如“唯我独尊”的误区；再次，既要求个性独立，但又摆脱不了依赖感；最后，“涉世未深”，不能准确地对自我进行评价。

总的来说，自我意识的发展是连续不断且缓慢的，其中，大学阶段是个人自我意识发展最为重要的阶段，所以说，在大学期间培养大学生正确的自我认知是十分重要的。

七、成长受挫问题

人的成长如同蝉蜕，过程是痛苦的，但是没有这种蜕变，就不会有力量的增强，更不会有新生。大学生遭遇挫折与压力未必不是一件好事，如果生命历程中缺少这种痛苦和紧张经历，就意味着没有触及成长的关键点，最终难成大器。

一般而言，挫折就是指人们在基于某些动机所开展的行动中遇到的那些无法使自身完成这一动机的障碍与干扰，它普遍存在于人生的各个领域，只要有追求、有欲望、有需求，就会有失败、有失望、有失落。尤其是对一个涉世未深而又渴望有所作为的大学生来说，挫折更是难以避免。

一般而言，意志力是能够帮助人们更好地实现自己的目的，并且根据遇到的困难而对自身的行动进行一定程度上的自我调节的心理活动过程，并且，其完美体现了人们在实践过程中的主体性、积极性、能动性，可以将其看作是人们成才所必须要拥有的一项优秀的心理品质。现阶段的大学生很少有磨炼自身的经历，所以说，并没有培养其良好的意志力，这就导致很多的学生在经历难以解决的困难的时候不能很好地控制自己的情绪与行为。

经过研究发现，现阶段的大学生所遇到的困难与挫折主要是与其所处的大学生活环境和自身的特点有关，主要有以下几个显著的表现：

（一）与人际交往有关

在大学生心理咨询的实践中，关于人际交往方面的问题常常在大学生来访者中占第一位。人际关系紧张、敏感已经成为困扰大学生的一个不容忽视的问题。对大学生的调查表明，目前交际困难已成为诱发大学生心理问题的首要因素。

（二）与学习有关

学习问题是大学生们抱怨最多的问题之一。大学生每天在三点一线的生活中紧张度过，废寝忘食、超负荷运转，由于长时间处于紧张状态，很多大学生不注意用脑卫生，用脑过度，导致学习疲劳，以至于学习效率降低、学习成绩下降。学习成绩的下降，极易使大学生产生严重的受挫感，这种受挫感使得大学生进一步缺乏学习动力，在学习上形成恶性循环，产生挫折心理。

（三）与恋爱有关

爱情是人类最为美好的情感，大学生十分向往在大学期间获得爱情，但需要注意的是，很多大学生会获得因恋爱产生的情感危机与心理挫折，甚至于产生心理危机。一般而言，大学生所遭受的恋爱挫折主要有以下几种，分别是单相思、恋爱中的感情纠葛以及失恋，其中最为严重的就是失恋。总的来说，现阶段很多大学生产生心理问题最为主要的因素就是由于他们在大学期间的不愉快的恋爱经历。

（四）与求职就业有关

在社会发展如此迅速的时代，现在的大学生有着很大的择业自主权，但是他们会遇到更为严峻的就业竞争，这也就导致现在的很多大学生不管学业优秀与否，都感受到了择业就业的巨大压力，从而导致心理失衡、出现心理挫折。

八、家庭问题

家庭是大学生生活和接受教育的第一个“课堂”，对一个人性格的形成和发展具有重要和深远的影响。父母对子女的身心健康负有不可推卸的责任，家庭环境的好坏在人的一生中起着奠基作用。经过研究之后发现，很多大学生在学校中被发现的心理问题，都能够在该学生早期的成长过程中找到诱发的因素，所以说，要想解决大学生的心理问题就需要其家庭与学校互相配合。一般而言，家庭环境就是影响学生心理健康的最主要的因素。总的来说，大学生自身的心理健康水平在很大程度上取决于其原生家庭中家长的教养方式以及原生家庭的家庭结构、父母的婚姻状况、职业状况等。

（一）父母的教养方式

父母的教养方式对子女的心理发育和健康有着不可忽视的作用。

关于父母的教养方式，美国的心理学家戴安娜·鲍姆林德认为，可以将其划分为两个维度，其中第一个维度是父母对孩子的情感态度，就是指接受—拒绝维度；第二个维度是父母对孩子的要求与控制的程度，就是指控制—容许维度。经过对这两个维度进行不同形式的组合之后，能够形成四种教养方式，分别是：由接受与控制结合而成的权威型教养方式；由拒绝与控制结合而成的专断型教养方式；由接受与容许结合而成的放纵型教养方式；由拒绝与容许结合而成的忽视型教养方式。一般而言，不同类型的教养方式会严重影响到少年儿童的社会化发展与个性的形成。

研究发现，在教养过程中，父母表现得温暖、热情，子女也更容易形成热情、自信、独立且有着各种积极情绪的人格，身心健康也更能够获得更好的发展。但是，如果父母采用否认、拒绝的教养方式，子女就更容易形成自卑、羞耻、优柔寡断的不健康心理。而且，如果父母选择过分干涉的教养方式，会使得子女难以养成自信乐观的性格。采用惩罚等严厉措施的父母所培养出来的子女，更容易感受到无助、自卑与不安全，甚至会产生焦虑、强迫的心态。

（二）家庭结构

一般而言，家庭结构也会给大学生的心理健康状况造成很大的影响。曾经有人通过使用临床症状自评量表（SCL-90）以及自行编写的家庭信息问卷对某大学5090名新生进行了调查，分析调查结果显示，家庭结构能够在很大程度上影响到大学生的心理健康水平，也能够对大学生的人际敏感、抑郁等因子产生十分显著的影响。研究发现，相较于其他家庭的大学生，寄居家庭的大学生更容易在人际交往中产生敏感心理，而且还需要注意，处于单亲家庭大学生的心理健康水平普遍较差，更容易产生抑郁症状。总的来说，单亲家庭中的大学生的心理障碍比较严重，更容易产生抑郁、孤僻、自卑、逆反等心理问题。而且，受限于自身的家庭环境，单亲家庭中的孩子很大程度上会完全或部分丧失与父母中的任意一方交流的机会，相较于完整家庭中的孩子，他们只能得到部分的关爱，这就会使得单亲家庭中的孩子更容易产生心理健康问题与敏感自卑心理。

（三）婚姻状况

父母的婚姻状况会对大学生的心理健康产生一定程度上的影响。比如，婚姻幸福美满的家庭能够更好地让孩子感受到爱情的美好与家庭的温馨；但是，婚姻状况不理想的家庭中的父母会经常吵架甚至离异，这就会严重影响到孩子的身心健康。家庭环境会对孩子的身心健康产生深远的影响，而且，溺爱与暴力的家庭环境对孩子的影响最为突出。

研究表明，父母离异对男孩的负面影响相对比较严重，对年幼孩子的影响大于年龄大的孩子；父母分手两年以内的影响明显大于两年以后，但可以持续很久；随着时间的推移，父母离异对孩子的影响会逐步转弱。父母离异对子女影响的机制可能与家庭结构缺陷和功能失调有关。例如，孩子与未获得监护权的父亲（或母亲）之间的交往时间减少，缺少必要的关爱、生活扶助和辅导，导致孩子学业下降、行为不端、缺乏自信；也可能因为缺少父亲或母亲角色的示范而减少孩子学习社交技巧的机会。一些单亲家庭，因为家庭收入减少、生活水平下降、经济条件恶化，会导致孩子的学习条件及居住环境变差。

也有学者认为，父母离异对孩子的影响其实有限，而且因人而异。事实上，不少离异家庭中的孩子在家庭变故的挫折经历中会更早地成长、成熟起来，独立性和自理能力增强，更懂得体贴父母、勤俭节约，且这部分适应性较强，富有同情心，奋发向上。单亲家庭的孩子，只要监护人一方尽职尽责，孩子的身心健康状况同样良好。同时，无歧视的学校环境，也有利于离异家庭孩子的健康成长。

（四）父母的职业与文化程度

父母的职业与文化程度是影响其子女道德同一性、学习成绩及抱负水平的重要因素之一。国内外大量研究表明，父母受过高等教育的学生，其成绩普遍比父母受教育水平较低的学生好，学习志向也更高。受过高等教育的母亲，其子女具有读研究生抱负的，比只受过初等教育的母亲的子女多4倍；而那些母亲只受过初等教育的子女，只想读到中学毕业的，也比受过高等教育的母亲的子女多4倍。

有调查发现，出身于知识分子家庭的学生一般行为问题较少，而其他家庭孩子的行为问题可能较多。父母低文化组的青少年，体育锻炼的情况亦比父母高文化组的差。这说明，父母的文化修养、言行举止、职业态度与职业习惯都会通过教养、沟通等途径直接或间接地影响子女的心理健康状况。父母的职业也会给大学生的家庭环境、学习条件、学习气氛、职业倾向带来较大的影响。一般来说，当父母的职业较好、成就或收入较高时，其子女会倾向选择与父母相同或相近的职业；相反，如果父母的职业较为辛苦，风险大、收入低且成就不高，子女则通常不会选择同样的职业。

（五）家庭经济状况

对于大学生来说，自身的家庭经济状况会在一定程度上影响到其心理健康的发展。经过研究之后发现，相较于家庭经济不困难的学生来说，家庭经济困难的学生心理健康水平更低，而且随着家庭经济水平的降低，学生的心理健康水平也在逐渐下降。由于很多家庭困难的学生来自农村，在求学过程当中，他们不仅要承受经济方面的压力，还会承受心理方面的压力。甚至很多家庭经济状况较差的学生都因为自身经济困难、视野有限、交往能力差等因素而产生自卑、敏感等心理问题。与之相反的是很多家庭富裕的学生，会产生自私、自傲等心理问题。

九、恋爱与性心理问题

性生理和性心理的发育成熟，使人们都会不同程度地面临爱情方面的心理问题。风华正茂的大学生正处于青年期，恋爱自然也成为青年学生的向往和追求。一方面，大学生恋爱是其人格特征的反映；另一方面，爱情也可以促进大学生人格的成熟。但由于对爱情问题的认识不足和经验的缺乏，大学生在恋爱过程中，常常会遭遇心理挫折和情感危机。我国学生接受的青春期性教育普遍不足，对异性的渴望和神秘感、恐惧感交织在一起，在性成熟的过程中常常会有许多不适和困惑，主要表现在性别认同困扰、异性交往的紧张、白日梦与性梦的疑惑、手淫焦虑、性骚扰的恐惧、婚前性行为等。面对恋爱与性问题，学生的反应会因人格特征、对挫折的承受能力、相应的社会支持系统等因素的不同而表现不同。提高爱的能力、了解性的知识已经成为大学阶段的重要课题，大学生不仅要学会表达爱、接受爱，也要学会拒绝爱、鉴别爱。

十、心理障碍疾病

在现代大学生群体中，焦虑、人际交往等心理问题的发生率较高，而且，需要注意的是，在对大学生进行心理障碍的诊断的时候不仅仅要符合症状学的标准，还需要符合相关的病程标准。如果经过诊断之后发现，症状程度与病程跨度中的任意一项没有达标，就不应该将其诊断为心理障碍。一般而言，大学生较为常见的心理障碍主要有以下几种。

（一）人格障碍

是指人格特征明显偏离社会常态、对社会环境适应不良，社会功能受损、人际关系恶劣，病程至少有两年，且难以矫正。症状通常可追溯到童年或青少年期，与幼年的家庭环境和家庭教养方式有关。

（二）应激障碍

一般而言，我们认为应激障碍包括以下三种，分别是急性应激障碍、创伤后应激障碍、适应障碍。其中，急性应激障碍指通过强烈的精神刺激以及相应的生活实践或者是持续的困境作用而引发的精神障碍。创伤后应激障碍指的是当事人在经历了诸如地震、洪水等难以想象的创伤事件之后所引起的延迟并持续的精神障碍。患者经常会回忆或梦到创伤事件，并且，在日常生活中还会有意识地远离与创伤事件相关的人或事物，不能够集中注意力，常常失眠，还会产生焦虑与抑郁的情绪。适应障碍指的是患者因为长期处于应激源或者是困难处境中，最终产生了情感障碍，还出现了一定程度的不良行为障碍或者是生理功能障碍，适应障碍的患者大多数都存在着人格上的缺陷，但是需要注意的是，该症状一般只持续一个月以上，最长时间不会超过 6 个月。

（三）焦虑症

焦虑症是现在的大学生群体中十分常见的心理障碍。对于大学新生来说，新的环境就是崭新的开始，需要及时进行调适。但是需要注意的是，大学生一旦给自己订立一个过高的期望就会产生难以言喻的心理压力，从而使其无论在做什么事的时候都会瞻前顾后、优柔寡断，久而久之就会产生焦虑不安等不良状况，甚至还会在自身的躯体上感受到不舒适的感觉。需要注意的是，很多患有焦虑症的人在性格上都比较胆小，而且做事犹豫不决，难以接受新鲜事物，不能很好地适应新环境。

（四）抑郁症

也称情感性精神障碍，是以明显而持久的心境高涨或低落为主的心理障碍，包括抑郁发作、躁狂发作、双向障碍和恶劣心境。抑郁发作以情感低落、思维迟缓、意志活动减退这“三低”症状为核心特征，症状至少持续两周。躁狂发作以情感高涨、思维奔逸和活动增多这“三高”症状为核心特征，症状至少持续一周。抑郁症和躁狂症都可能一生只发作一次，也可反复发作。双向障碍为抑郁和躁狂混合出现或交替循环出现。一般而言，恶劣心境的主要症状就是维持着超过两年以上的持久性的心情低落，这一心境能够被称为轻度抑郁。心境障碍一般预后良好，不留人格缺陷，但小部分可能会有残留症状。抑郁症治疗的关键是严加防范病人自杀。

作为现代社会大学生群体中最为常见的心理障碍，抑郁症的主要症状表现为当事人经常感到悲伤、孤独、绝望、自责，甚至会从心理层面上对世界进行排斥。大学生因为自身个性并不成熟，对于大学生活仅仅限于想象，很多学生都不了解自己所选择的专业，这就导致这些学生在刚刚进入大学之后就不再对枯燥的学业产生兴趣，甚至会因为在新环境中与周围人的人际交往不适应而灰心丧气，逐渐陷入抑郁悲伤的精神状态中。近年来，大学生中的抑郁症患者的病例逐渐增加，主要有以下两个原因：首先是患抑郁症的大学生对于社会与学校有着常人难以企及的需求，总是想着充分展示自己与众不同的才能；另外是因为这些学生对社会的复杂现状没有清晰的认识，抗挫折能力也不强，自身的三观也没有完善，所以很容易就会产生抑郁悲观的情绪。

（五）强迫症

强迫症主要是指患者在主观上感受到的难以抗拒、无法改变、被迫无奈的观念、情绪或者是行为的存在。对于那些自身有强迫症状的人来说，尽管知道自身所做的事情不合理，但是根本没有办法摆脱，所以会感觉到十分痛苦。一般而言，强迫症状多数是因为一些强烈且持久的精神因素或者是情绪体验而产生的，该症状的产生与患者自身的生活经历、情感状况、幼年的各种遭遇都有着一定程度上的联系。一般情况下，对于某一事物实施一遍两遍的重复是比较正常的，也不会对行为者产生过大的困扰，但这种行为一旦被某一事件牵扯、触痛，就会强烈地打乱行为者的情绪状态与思维平衡，使其心中的失落感、挫败感一下子增强，甚至导致安全感丧失，以后每当做这件事之前就会立刻在脑海里浮现出不安全的、怀疑的想法，做事时也必然会产生担心、忧虑的心态，并反反复复，明知毫无意义却克制不了自己，并且越挣扎，负面思维越强烈。患强迫症的病人，也经常表现出如下情况：

①经常会对病菌以及各种疾病非常敏感，心情也极差，总是神经兮兮的，表现出毫无必要的担心。

②经常出现反复洗手的状况，而且每次洗手的时间很长，常习惯把手洗得通红、麻木，超过大部分人的正常需要。

③有时会表现得很茫然，会毫无原因地重复相同的话语好多次，且自身并无丝毫察觉。

④表现得很古怪，觉得自己穿衣、清洗、吃饭、走路时要有特殊的安排和顺序。

⑤经常反复做某些事情，例如检查门窗、煤气、钱物、开关、文件、信件等，几乎对自己所做的所有事情都有所怀疑。

⑥经常不自觉地去想一些令自己不愉快的回忆或产生悲观的想法，使自己深陷悲伤，无法自拔。

⑦胆小如鼠，经常觉得自己一些微小的差错就会引起意想不到的灾难。

⑧时常担心自己患了某种不可治愈的疾病，或时常无原因地多次吟唱某一段歌曲。

⑨在某些场合害怕自己做出尴尬的事。

⑩当看到刀、匕首和其他尖锐物品时会不自觉地感到心烦意乱，甚至产生幻

觉，而且每当听到自杀、犯罪或生病这类事情时，会很长时间不能控制自己，也总是不由自主地想起。

（六）精神分裂

精神分裂症是一组以精神活动与现实环境相脱离，思维、情感、意志相互“分裂”为突出表现，并且伴有幻觉、妄想、紧张综合征等症状的精神病。精神分裂症在不同分型中症状表现不同，分为“阳性症状”和“阴性症状”。阳性症状，即思维障碍（如刻板言语、无关言语、妄想、幻觉等）、情感障碍（如情感倒错、表情倒错）、行为障碍（痴笑、奇装异服、暴怒等）和幻觉等精神病性症状；阴性症状，即缺乏动力、缺乏兴致、缺乏情感、缺乏精力、缺乏礼仪等正常精神功能。患者意识清楚但自制力缺失，无法参与日常生活和学习，社会功能严重受损，病程多迁徙，呈反复加重或恶化，少部分病人可基本痊愈。精神分裂症患者应及时就医、遵医嘱住院治疗并按时服药。

十一、贫困大学生常见的心理问题

有一些大学生在刚刚进入大学的时候会因为自身家庭条件不如他人而不愿与周围的人进行交往，内心自卑，在这个时候就需要其辅导员能够对这些贫困生给予相应的关注与关爱，使其能够对现阶段国家贫困生的自主政策进行详细了解，更好地帮助其解决在大学期间遇到的生活与学习方面的问题，使得这些自卑的贫困生能够感受到我国社会的正能量，抛却自卑的心理，恢复心理健康。

（一）自尊与自卑

自尊与自卑心理是贫困生最普遍也是最为突出的心理问题。家庭贫困的大学生不仅经济条件不理想，原有的教育条件相较于其他同学也比较薄弱，这就会使得这些贫困的大学生感觉自身的很多方面都与同学们有着较大的差距，心理脆弱的学生甚至会产生自惭形秽的感觉，从而对自身有着较低的评价。有许多的贫困生承认贫困使他们“常常自卑”，近乎一半的贫困生“偶尔会自卑”。有些地方特困生抑郁症检出率非常之高，其中轻度抑郁症占比最高，中度、重度者次之，但也远远高出其他人群。由于不能正确看待自己的贫困，或担心因贫穷让人瞧不起，经济上的窘迫是贫困大学生不愿提及的。出于过强的自尊心和自我保护，一些学生会采取各种手法伪装、掩饰自己，无法获取及时有效的帮助。这一心理和行为暴露出他们心理上的脆弱，自欺欺人的做法往往会导致更大的心理压力和痛苦。

（二）学习上的无力与厌烦

贫困大学生常常为衣食学费发愁，不能专心学习。有一些家庭贫困的学生会违反校规校纪，随意旷课，企图通过在外打工或经商挣钱，但是直接影响了自己的学业，这一类学生没有办法正视自身的贫困，甚至会认为贫困的出身对自己而言是耻辱，从而不会对生活抱有期望，也不会对学习产生兴趣，最终导致耽误学业；但也有部分贫困学生自身的争强好胜的自尊心驱使着他们拼命地学习，以期缩小跟其他同学的差距，甚至超越他们，这往往容易导致他们的情绪紧张和焦虑，一旦受到挫折，就容易自暴自弃，甚至一蹶不振。

（三）自我封闭

现阶段的很多贫困学生因为自身的经济条件不好，担心自己拮据生活的状态被人嘲笑，甚至担心别人会对自己造成伤害，所以并不喜欢参加集体活动，于是往往采取逃避的方式以避免自尊心受挫，结果在有意无意间与同学、老师逐渐疏远，离群索居，独来独往。贫困大学生在日常人际交往中表现出的自我封闭的心理与他们强烈的人际交往需要形成了极大的矛盾，这进一步加剧了他们在人际交往过程中的受挫感，导致其自我封闭、孤僻甚至心理畸形。

（四）嫉妒、怨恨

对于很多贫困的大学生来说，不管是自身的学习还是智力与能力等条件都不落后于其他同学，但是在客观事实上，其自身窘迫的家庭经济状况往往会使其感到极度的心理不平衡，从而心生埋怨，将沮丧与压抑等情绪郁结于心。并且，部分贫困生还会因为看到他人所享有丰富的物质资源自己却不能享有，以及部分的富裕学生在无形之中表现出来的优越感与态度的傲慢深深刺激到了贫困的学生，使得他们内心积压的羡慕逐渐转化为了嫉妒。

显而易见，贫困大学生的经济压力给他们带来了巨大的心灵痛楚，由于经济困难带来的心理贫困更是构成了他们成长路上的一道障碍。因此，对于贫困大学生的帮助和教育必须基于经济解困和心理解困二者的结合。经济资助能够使贫困大学生获得当前学习生活急需支付的基本费用，但如何帮助他们调整心态、增强自信、培养意志、提高能力，是大学辅导员更值得关注的问题。

第三节　辅导员维护学生心理健康的路径

大学生心理健康教育是为了使大学生能够全面和谐地发展而采取的教育活动，教育者运用相关学科的理论与技术，如心理学、教育学等，以大学生身心发展的规律和特点作为根据，通过多种手段和途径，有计划地对大学生进行有目的的教育，希望能够使其心理健康得以增强、心理冲突得到缓解、心理潜能得到开发，促进其人格健全发展。大学生心理健康教育任重道远，牵涉到大学生个人、家庭、学校和社会等诸多方面，是一个多元系统工程，高校辅导员作为大学生心理健康的培育者，对这项长期而艰苦的任务有着不可推卸的责任。

一、维护大学生心理健康的重要性

（一）心理健康是大学生成才的保证

大学生心理健康教育的最终目的是使大学生健康发展。心理学研究表明，人的一切认知、行为和活动都是以一定的心理活动为前提的，都是在人的心理调节下进行的。因此，大学生能否成才，在很大程度上取决于其心理是否健康。

大学生的学业直接受到其心理健康状况的影响。苏联著名的教育家苏霍姆林斯基说过："教学的效果在很大程度上取决于学生的内在心理状态如何，积极、热情的情绪是推动学习的内在动力。"心理健康的大学生，精力充沛、乐观积极，对学习有强烈的兴趣和好奇心，遇到挫折时能积极面对，在失败中成长。

现在的大学中虽然出现了很多高智商、聪明过人的学生，但是受心理问题的困扰，部分学生不能正常地上课、学习、参加班集体的活动或者实习等，学习兴趣淡薄、学习态度差，甚至不能顺利毕业。

（二）心理健康是大学生提高综合素质的保证

大学生综合素质（包括科学素质、道德素质、人文素质等）在很大程度上会受到心理健康素质的影响。大学生各种素质的形成，要以心理健康素质为基础。树立正确的人生观、价值观和世界观，培养良好的道德品质和极高的人文素养，都要以心理健康素质为先导。

人的全面发展的内在动力受到心理健康素质的激发和促进。心理健康素质不仅会使大学生其他素质的形成与发展受到影响，而且在很大程度上决定了大学生综合素质的高低。

（三）心理健康是大学生人格健全发展的基础

20 岁左右的大学生正处于人格形成和发展的阶段，这个阶段除了要学习知识，使自己的技能得到提高，更要使健全的人格得以培养起来。健康的心理状态是人格发展健全的基础，有益于大学生的全面、和谐发展。

（四）心理健康是大学生适应大学生活和未来社会的需要

“物竞天择，适者生存。”大学生经过激烈的竞争来到学校，面对新的环境与师生，都需要一定的时间去适应。有的人适应很快，学会了怎么学习、怎么和他人打交道、怎么调整情绪；有的人却在新的环境中举步维艰，活在自己的小世界中，不愿意和同学、老师交流，长时间下去，反而会更加孤单、失落。

同样，毕业之后，大学生马上要进入社会，面临职场中的规则、恋爱与婚姻的挑战，良好的心理健康水平可以帮助他们更好地调整状态，以适应社会的需要。

知识经济时代的竞争，归根到底是人才的竞争。人才系统的基础是心理健康水平和心理素质，培养优秀人才、提高人才素质决定着科技的发展与经济的振兴，乃至整个社会的进步。因此，大学生的心理健康状态与大学生个人的成长息息相关，更与民族素质的提高以及整个中华民族的前途和命运脉脉相通。

二、辅导员维护学生心理健康的方法

（一）树立科学的教育理念

1. 为大学生发展营造良好的心理环境

在环境作用下，个体的自我心理状态产生的心理活动效应就是心理环境，人在不知不觉中会受到其感染和熏陶，它会对个体情绪造成影响，因此，调节个体意志，支配个体行动，对个体的心理发展有重要意义。良好的心理环境有助于培养个体努力进取的个性品质，也有利于形成协调的人际关系，使其乐于从事自己目前的学习和工作，实现自我超越。相反，不良的心理环境会使人感受到压抑，不利于个人身心的健康发展，并且还会使人形成各种不良的个性品质，养成消极的思想和行为习惯，如情绪低落、自卑感乘虚而入、挫折感增强、自我期望减弱、抱负感淡化、趋于自我退步。

在大学生心理健康教育中，营造良好心理环境需要将不良文化的影响消除掉，将健康及和谐的班风、学风、校风建立起来，使校园文化积极向上，并且形成人人重视心理健康的良好氛围，还需要增强师生间的了解性、通融性和共识性，辅导员不仅要理解、关心学生，还要信任并尊重学生。理解使学生的慰藉心理被激发出来；关心使学生产生信任感和依赖感，信任使情感得以维系，也能让学生拥有更强的责任心，使学生勇于进取，激发其积极向上的精神状态，最终使其有所作为；尊重对于师生感情有着很强的促进作用，师生之间关系更密切，学生也有了奋发向上的原动力，使得学生有更强烈的成就欲。辅导员需要从学生的角度来看问题，真正地接纳与沟通，才能营造良好的心里环境；辅导员还需要客观冷静地对事情的实际情况进行了解，倾听学生的观点与看法，将事情的真伪辨认清楚；还要努力拉近与学生之间的距离，与学生进行良好的沟通，走进学生内心，不随意地对学生进行批判和指责，不嘲笑学生；多多地了解学生，根据学生的性格特点、心理状况和接受能力采取不同的方法，要善于发现学生的长处，并且能引导学生纠正自己的失误与过错，使学生的自信心能够增强。总之，辅导员要站在学生的立场看问题，尊重学生，要意识到教师和学生在人格上是平等的，要找准时机和突破口，做到以情感人、以理服人、情理交融，使沟通更加具有针对性和实效性。辅导员积极与学生进行互动，不仅能使学生和老师之间的距离越来越近，还能让学生在潜移默化中接受辅导员积极的思想引导，被辅导员向上的精神感染，从而有利于良好心理环境的营造。

2. 坚持发展性心理健康教育的理念

高校辅导员应以大学生的成长发展为旨趣，以积极的人生观为指导，将发展性心理健康教育的理念确立起来，因为在高校，只有少数学生存在心理障碍问题，而更多大学生的问题则是一些成长性的问题，比如情感、事业、成长与成才还有日常生活事件处理等。也就是说，心理健康教育并不是对少数学生的活动，不仅仅要消除他们的心理障碍、处理他们的心理危机，针对少数同学进行调适性心理咨询是远远不够的，必须要面向全体同学，将学生未来的发展看作一件举足轻重的事，注重学生人格的完善，重点开发学生的心理潜能。发展性心理健康教育的理念更加重视“防患于未然”，在方式上以预防性干预为主，反应性干预为辅，在内容的构建上要将人本主义潜能论体现出来。

3. 尊重和满足大学生的需要

通常我们将大学生心理健康发展的需要分为两个方面，一是适应性需要，二是发展性需要。适应性需要指的是，特定环境或特殊事件给学生带来冲击和压力，使其产生渡过心理危机、解除心理困境的需要，还有大学生对环境变化所产生的适应性需求，如针对生活变化、学习环境变化、人际关系的变化还有社会不断地发展变化而产生的需求；发展性需求指的是在心理和行为发展上，大学生普遍存在的需要。因此，心理健康教育的内容和方式方法必须要对大学生的兴趣和需要进行尊重和满足。通过教授知识和技能，帮助大学生更好地发展，帮助他们应对现实生活中的心理困惑和矛盾，更好地调适心理健康水平，使其积极的健康观念能够树立起来，使他们学习更有效、生活更快乐。社会不断地发展，大学生所面对的问题也越来越多，这就给心理健康教育增加了许多新的内容，所以，心理健康教育在内容选择上不仅要符合大学生的生活实际，课程内容安排的逻辑选择要贴近大学生生活，还要坚持个人发展与社会发展的辩证统一，以社会发展为尺度。

4. 强调大学生的参与性和体验性

个体心理品质的形成是个体逐步积累、建构生活经验的过程，单纯的知识传授和简单地接受学习都无法达到目的。为此，心理健康教育要让大学生积极参与进来，让他们进行亲身体验，传统教学模式中“我讲你听，我写你记，我说你做”的师生交往状态必须抛弃。只有大学生积极参与，并且亲身体验，他们才能获取相关问题的直接知识、感性知识和实践知识，有了更多的理论支撑，个人的心理机能才会得到提高，自我调适能力也会大大增强，有利于实现自我教育。在此过程中辅导员需要选取一些贴近大学生生活的案例，通过展现这些典型的案例，让大学生体会和感悟多种生活事件，让大学生进行情感体验、心理感受，这些心路历程会激发大学生的兴趣，引起他们的心灵共鸣，使他们更具有主动性。他们会主动发现问题、思考问题，并且会提出问题，在学生们进行问题的讨论之后，就会解决问题。在这一过程中，大学生开始时被动接受知识，之后就开始主动接受知识、运用知识，还会进一步对知识进行更新与探索，最终使得自身所具备的知识的广度和深度有新的开拓，积极进行思考和分析，主动进行创造性思维活动，激发和彰显大学生的主动性。

（二）注重大学生心理健康教育的内容选择

《关于进一步加强和改进大学生心理健康教育的意见》由教育部提出，其中指出大学生心理健康教育的主要任务是为大学生介绍一些方法和途径以促进心理健康，将心理调适的方法传授给他们，对心理异常现象进行解析，将正确的心理健康意识树立起来。所以，大学生心理健康教育的内容不仅包括对大学生学习生活、适应发展诸方面的关注与指导，也包括对多种心理行为问题的缓解、消除与矫治；既包括解析与预防心理异常现象，也包括优化心理素质、培养与开发心理潜能；既包括介绍和普及心理健康教育基本知识，也包括传授与应用心理调适方法。

1. 心理健康意识的培养

对于大学生个体来说，自觉完善心理健康是需要终生学习的任务，而不仅仅是大学阶段的任务。开展心理健康教育活动的目的是使大学生心理健康意识能够提高，使其学会自我心理保健，掌握基本知识与方法来对心理健康问题进行预防、识别和调节，缓解、消除其在学习、生活及成长中产生的心理困惑和心理矛盾。大学生要想在今后的学习、工作、生活中使自己的心理健康知识不断得到丰富、心理素质得到自觉提升，就要真正具备健康的心理。

2. 优化心理品质，提高适应能力

大学生心理健康教育不仅是理论知识的传授，更重要的是要教会大学生怎样运用知识，以及他们如何培养与获得自身的适应能力，并且能够使他们提高自身技能以对当前学习生活中可能遇到的各种心理问题和心理冲突进行科学应对。辅导员的任务是让大学生通过心理适应教育更好地对自己和他人进行正确的认识，对学习、生活、交往和社会发展中的各种变化能够合理应对，了解并热爱所学的专业，认识并适应所在环境，对学习和生活中的实际问题能够进行排除，能够进行自我调控与自我分析，使大学生能够学会学习、学会生活、学会交往、学会做人，成为适应良好、心理健康的人。

3. 开发心理潜能，促进自我实现

现代心理学和脑科学对人的心理潜能进行研究，结果表明其远未能进行良好的开发，更不要提进行充分的利用了。大学生心理健康教育作为现代高等教育的重要组成部分，其目的不仅是预防和消解心理问题，更在于提升大学生心理素质、开发其心理潜能，促进其自我价值的实现。心理健康教育帮助大学生在知识、人格、体格与能力等方面进行提升，为进入社会做准备，使其确立适当的就业期望，进行正确的职业定位，使其有更强的竞争意识和社会责任感，应对挫折的能力得到提高，有更强的承受能力；心理健康教育的目的还有让大学生形成恰当的成就动机，使其建立健康的情爱观，初步厘清价值追求，具备人际交往的基本观念与技能，使自身的人格不断发展并得以健全，更好地适应周围环境及社会发展，促进自身的发展与成长。

4. 网络认知教育

辅导员应该正确引导大学生恰当地利用网络资源，现在的网络信息良莠不齐，要让学生对网络信息进行正确辨别。同时，提高大学生的选择判断能力，对信息自行鉴别，学会自控，对各种不良信息进行抵制，严格遵守网络规范，使自我约束能力得到增强，遵纪守法，做文明网民。

（三）注重大学生心理健康教育的途径和方法选择

大学生心理健康教育有很多方法和途径，既可以进行隐性教育，依靠受教育者自身感知、认同、欣赏，通过潜在的教育因素使大学生在潜移默化中接受教育，也可以通过显性教育方式，这种教育方式有明确教育目的和内容。这两种教育方式相互补充、相互依存，二者共同使大学生心理健康教育的运行方式得以完整构成。

1. 显性教育方式

显性教育方式主要包括心理健康教育宣传活动、课堂教学和心理咨询，其指的是依据一定的教育要求和目的，教育者对教育对象通过明确的教育内容直接施加影响的教育手段和方式。

2. 隐性教育方式

与显性教育方式相对的就是隐性教育方式，其指的是根据一定的教育目的和要求，教育者对教育对象通过潜在的因素间接地塑造、渗透和熏陶其个性、心理与情感的教育方式。主要包括校园文化建设、各科教学渗透、社会实践活动、班级寝室心理环境建设等。

处于青春期的大学生，有着充沛的精力和广泛的兴趣，他们热爱丰富多彩的校园文化生活，并且希望将自己的各种兴趣爱好培养和发展起来，使自己的各种才华得到充分展示。提高大学生心理素质最直接、最生动、最有效的方式，就是通过各种活动来进行，辅导员要将心理健康的理念贯穿在多种形式的群体活动的始终，使大学生在活动中加深了解、开阔胸怀、交流思想。可以通过举办图片展、上演心理剧、播放心理电影、举办心理沙龙等活动，使大学生积极参与丰富多彩的校园文化活动，使其获得丰富的感受，营造良好的心理教育氛围，使大学生心理健康意识能够增强，自我教育能力得到提高，对自我健康心理的关注程度更高。

三、贫困大学生的心理健康教育

辅导员要积极鼓励和引导贫困大学生，使其树立正确的人生观、世界观、价值观，鼓励他们正视困难，不害怕逆境，增强自身的心理承受能力，面对挫折不低头、不畏缩，增强自信，不要自卑，勇往直前，积极进取，自强不息，培养自身坚强的意志品质。

（一）正确自我认知的培养

对周围事物，人们会产生自己的想法和观点，这就是认知，在个体心理世界中，认知是最为能动、活跃的因素。心理咨询的研究与实践表明，个体的心理健康状况会受到认知的影响，由于自身不合理的认知，许多人会形成情绪和行为障碍。正因为这样，面对同样的客观刺激，生活在不同文化背景中的人或者具有不同生活经历的人会对其产生截然不同甚至完全相反的情绪反应。而许多贫困大学生由于对经济贫困具有不正确的认知，形成了对自己地位低下的判断和暗示。这样的贫富差异比较，是一种心理的力量，即在金钱面前的心理优势或者劣势的力量。研究发现，贫困大学生的种种消极心理根源于他们极端的自卑心理。许多贫困的大学生会感到自卑，而这种心态又会影响他们的性格特征，很多人会具备内向孤僻、敏感多疑、低敢为性和焦虑紧张等人格特征，并且一般具有相应的消极心理。但是实际上，贫困大学生的自卑是由于其对经济贫困和为此产生的心理压力没有正确的认识，因为无法正视而产生了自我否定的消极情绪体验。所以，辅导员就要做到对贫困大学生的正确引导，使其能够正确认识贫困的处境，能够对自我进行接纳，只有这样，贫困大学生才有树立自信的基础和前提。首先，要引导贫困大学生对贫困有一个正确的认识，努力地将自卑情节进行克服，让大学生认识到贫困没什么可怕的，这不是一个错误，更不是自己本身的错误，通过咨询、讲座、树立榜样等多种途径让贫困大学生勇敢地面对贫困，不能因此失去生活的斗志，也不能丧失追求理想的信心。既然无法改变贫困的客观事实，就要勇敢地面对，不能安于现状，否则将永远摆脱不了贫困，正确地处理这件事，并使其成为自己人生中的宝贵财富。其次，要引导贫困大学生悦纳自我。不要盲目自卑，也不要盲目自大，认清自己的优点和缺点，客观地评价自己，对自己充满自信，把握自己的命运，充分肯定自身自律性高、独立性强、恒久性强等良好品质，学会悦纳自己，客观评价自己与他人、集体、社会的关系。

使贫困大学生有了正确的认知，还必须引导他们提高自身各项能力，诸如自我调适能力、抵抗挫折的能力、生存发展能力、人际交往能力、创新能力、竞争能力等，把以前对贫困大学生的单纯经济资助转化为能力培养的“授之以渔”的开发式帮助，以“造血”方式来提高他们的生活质量。能力的发展有利于贫困大学生在生活、学习和交往实践中产生积极的自我认知，树立自尊自爱、自立自强、自信自励的信念，有效指导下一步的行为，从而形成一种良性循环，共同作用于贫困大学生的健康成长过程。

（二）挫折教育

人生不是一帆风顺的，在成长的道路上总会遭遇坎坷和失败。贫困大学生承受着比其他学生更大的经济压力及心理压力，所以必须加强挫折教育，增强其挫折承受能力。辅导员要通过引导，使贫困大学生认识到挫折总是难免的，不必害怕，更不能回避和气馁，而是需要勇敢面对。呼吁贫困大学生树立正确的人生观、价值观和战胜困难的信心，学会自我调适，疏导不良情绪，减轻心理压力，消除焦虑，以积极乐观的态度面对现实，从困境中磨炼自己，不断成长和成熟。

（三）加强自尊、自重、自强教育

引导贫困大学生自觉提高自身修养，塑造自己的人格魅力，学会独立自主，通过自己的奋斗和努力获得成就，这样就会有足够的思想准备和心理承受能力去面对学习生活与人际交往中的困难和来自各方面的压力。

第六章　辅导员工作推进大学生素质全面发展

本章为本书的最后一章，名为辅导员工作推进大学生素质全面发展。第一节为大学生综合素质发展理论，第二节为影响大学生素质的因素，详细分析了影响大学生素质形成的八大因素，第三节为辅导员推进学生素质全面发展的措施。

第一节　大学生综合素质发展理论

人的素质对一个社会、一个民族、一个国家的进步速度和文明程度具有决定性作用，而一个国家教育事业的发展水平又在很大程度上决定了人的素质水平。按照教育的本质来说，任何教育都是依据教育自身的发展特点，按照社会的要求对人进行培养、塑造和改造的。作为社会未来的建设者，大学生的素质水平在很大程度上影响着社会发展和民族复兴。每位教育工作者面前都有一个重要的课题：如何与时俱进、开拓创新，并且按照全面建成小康社会的目标要求，对教育工作不断进行改进，使大学生的身体心理素质、科学文化素质和政治道德素质水平得到提高。

为了清晰地了解素质教育，我们必须准确地把握素质的含义及其特征，立足当前大学生的素质现状，厘清实施素质教育的思路。

一、素质的基本内涵

作为人的素质来说，“遗传素质”的本意指的是人们与生俱来的某些解剖生理特征。其基本含义是：“一般指有机体天生具有的某些解剖和生理的特性，主要是神经系统与脑的特性，即感官和运动器官的特性，是能力发展的自然前提和基础。”

一般的观点认为，教育是后天的，而“素质”是先天的，先天的素质无法被后天的教育培养出来。但是，许多学者指出，先天的素质只是为人提供了一个发展的生理基础，而后天的环境和教育可以将人先天的潜能进行发展，使人的素质结构得以提高和完善。教育界提出的素质教育的“素质”，是一种相对稳定的基本品质结构，是由先天遗传的禀赋与教育作用、后天环境影响的结合而形成的。

《辞海》（1999年版）对此作了较好的解释：“人或事物在某些方面的本来特点和原有基础就是先天素质。人们在实践中增长的修养，如政治素质、文化素质。在心理学上，指人的先天的解剖生理特点，主要是感觉器官和神经系统方面的特点。是人的心理发展的生理条件，但不能决定人的心理内容和发展水平。某些素质上的缺陷可以通过实践和学习获得不同程度的补偿。”

《教育大辞典》（顾明远主编）提出了符合素质教育理论与实践要求的说明：“个人先天具有的解剖生理特点，包括神经系统、感觉器官和运动器官的机能特点。这些特点通过遗传获得，故又称遗传素质，亦称禀赋，对人的能力形成和发展具有重大影响。公民或某种专门人才的基本品质，如国民素质、民族素质、干部素质，作家素质等，都是个体在后天环境、教育影响下形成的。”

我们可以知道，人的素质包括人的知识、身体、思想、心理品质等，通过学习、训练和内化等过程，人会形成稳定的基本品质结构，人的素质除了指某一方面的知识或能力，还指人的内在品质的总和。

二、大学生综合素质的基本内涵

大学生综合素质的基本内涵是帮助广大学生全面成长，使其智能结构得到完善，并且能够成才。将开发大学生的发展性素质和基本素质作为着力点，对教学主渠道外的各种活动和有助于学生提高综合素质的工作项目进一步深化，需要重点对五个方面进行引导，如科学技术与创新创业、文体艺术与身心发展、社会实践与志愿服务、思想政治与道德素养、技能培训等。

三、大学生综合素质的具体内容

当代大学生的综合素质主要包括六个方面的内容，分别包括心理素质、身体素质、思维素质、创新素质、科学人文素质和思想道德素质。

（一）心理素质

有正确的自我认知，对人生的态度积极乐观，能够独立地进行选择和判断，能够勇敢地面对逆境和挫折，能够对自身的情绪进行主动调节，具有社会责任感，有建立良好的人际关系的能力，有同情心等，这才是心理健康的表现。

我国大学生的心理素质教育从20世纪80年代末起步到现在，在上级领导的重视下，高校始终坚持以学生为本，以促进全体学生的心理健康发展为目标，不懈地开辟与创新，探寻一条适合中国高校特点的心理素质教育之路。现代高校将心理素质的教育、心理素质教学的科学研究、心理咨询、心理素质教育的课程教学有机结合，形成了“教育、教学、咨询与科研相结合的高校心理素质教育”的一套模式，并在实践中取得了很好的教育成果。

大学生心理问题的发生具有普遍性，经过大量的研究，最终结果显示：出现心理问题的大学生的人数每年都在不断增加，且他们的心理问题越来越严重。心理健康状态直接关系到大学生的生存和学业。这就要求大学生必须意识到自己保持心理健康的重要性，主动关注自身的心理健康，按照社会和时代的要求塑造自己，有意识地加强心理上的自我调适、自我锻炼和自我完善，使自己在人生道路上具有不断拓展的能力。

（二）身体素质

良好的身体素质对人来说非常重要，只有拥有健康的身体，人才能够得到全面的发展，这是一个根本前提，也是人从事一切工作和活动的生理基础。与此同时，单单的身体健康是远远不够的，保持心理的健康，追求身心和谐平衡，才会使人真正达到健康的状态。

人类最美好的追求就是健康长寿，这也是全社会最宝贵的财富。大学生的身心健康状况不只是自己的事，不仅与自身的全面发展息息相关，更关系到祖国伟大的建设事业，因此，全社会都要对大学生的身体素质水平进行重点关注，改善大学生身心健康状况既是每个大学生要努力达成的目标，更是高等教育的方向。

（三）思维素质

人先天的思维机体的资质以及经过开发后形成的相对稳定的思维方式和思维能力就是思维素质。人们的思维素质各有不同，具有个体差异性，这主要是由于遗传、受教育的程度还有环境等因素造成的。只要我们留意观察，就会发现人们思维所达到的水平和驰骋的领域是各不相同的。不同的人观察同一个对象，有粗略和精细之分；学习同一门课程，有容易和困难之别；思考同一个问题，也会有深刻和肤浅之差。观察、分析、综合、归纳同一个问题，虽然都同样努力，但却得到不同的效果，这是由思维素质的差异造成的。所以，大学生思维方式的正确与否是认识正确与否、行为结果是否合理的重要原因。因此，大学生要想具备健全的思维素质，必须树立先进的思维方式，树立科学的价值观念，扩大思维视野，更新头脑中的陈旧观念。

（四）创新素质

创新的含义是将前人的知识和技能作为基础，对新的思想和技能进行研究和发现的行为。每当人类社会取得巨大进步的时候，由于人类的创新，都会使得新事物在其中诞生。在当今时代，创新能力是人才的一个重要标志，作为年轻的新生力量，大学生身上具有无限的潜能，隐藏在他们身上的创造性能量是巨大的，只有将他们身上的能量激发出来，才能不被时代所淘汰。同样的，一个国家如果想引领或者适应时代的发展，就必须要不断增强创新能力，因此我们可以知道，当代大学生综合素质培养的关键就是大学生的创新素质。

（五）科学人文素质

我们将人文素质与科学素质总称为科学人文素质。科学素质体现在很多方面，如人对科学的态度、对科学精神的理解、所掌握的科学的思维方法和科学知识，还有科研能力（对科学研究人员的要求）等方面。“科学技术是第一生产力”，人类巨大的物质财富是由科学技术带来的，历史已经证明，人类社会进步的巨大推动力是科学技术的发展。因此，当代大学生要想更好地发展自己，就要使自己的科学素质得到提升，同时学习一定的技术和技能，以适应社会发展需要。但是，如果只有科学素质是完全不够的，对于一个真正的人来讲，人文素质也是不可缺少的。所谓的人文素质并不是工具和手段，而是把人当作目的，在本质上对人的价值的崇尚，注重塑造人内在精神世界，努力追求人类的美好价值。科学精神一定要和人文精神相结合，如果过分追求理性科学，往往会对人类的发展产生消极的影响，科学主义的泛滥和科学技术的滥用都是由于科学没有和人文相结合，从而忽视了内在精神世界的构建。只懂得科学技术的人无疑是残缺的，只注重一方面必然会导致一方自大，进而走向极端，科学没有人文牵引可能会滑向危险一端，而人文精神不附着在科学精神上，同样是一种空洞的精神修炼。所以当代大学生不仅要注重培养自身科学素质，人文素质的培养也不能忽视。

（六）思想道德素质

思想道德素质是人的思想觉悟、理想信念、精神面貌的标志，是由思想政治因素与品德修养因素组成的密不可分的统一体，也是指人的思想、道德观念方面的状态。① 由此，我们可以知道思想道德通常包括三个方面的内容，分别是道德素质、思想素质、政治素质。道德素质指的是诚实守信、勤劳节俭、严于律己、以集体主义为原则、懂得奉献、公正无私、关心他人等美好品质。在现阶段，思想素质就是指，我们要有崇高的人生理想，要树立正确的人生观，树立为大多数人谋幸福的远大理想，成为新时代要求的四有新人，做到“有理想、有道德、有文化、有纪律”。政治素质是指具有强烈的爱国主义精神，具有坚定的政治立场；积极拥护中国共产党的领导，为中国特色社会主义事业的建设做出贡献；坚定马克思主义的指导地位，坚定中国特色社会主义理论的信仰。思想道德素质教育是无产阶级取得胜利的思想保证，我们要重视思想道德素质教育，像历代无产阶级理论家和革命家一样，为社会主义建设做出贡献。

四、大学生综合素质培养理论

党和国家历来重视大学生的综合素质培养，这是因为大学生是民族的未来，是国家的希望，要加强和改进对大学生的综合素质培养，并对其高度重视，要意识到这项工作是一项战略任务，重大而紧迫，与“培养什么人、如何培养人”的根本问题息息相关。综合素质培养的相关理论也不是今天才有的，综合素质培养的相关理论渊源可谓历史悠长，需要我们深入挖掘。

（一）哲学理论

哲学是一门关于智慧的学问，概括和总结了社会知识、自然知识和思维知识，对人生观、价值观、世界观和方法论也进行了系统化和理论化的概括，是一套关

① 万光侠．思想政治教育的人学基础 [M]. 北京：人民出版社，2006.

于世界观、价值观、人生观和方法论的理论体系，这套理论体系是按照一定的逻辑规则建立起来的，运用了最一般的范畴、判断、概念和推理。思想政治教育的目的是教育一定社会或社会群体中的成员，使其人格得到升华，其采用的是一定的政治观点、思想观念、道德规范。哲学的考察对象是整个客观世界，思想政治教育只是对人进行了研究，包括人的思想政治品德以及形成规律。思想政治教育并不等同于人生哲学，虽然它与人生哲学在教育方面都有一定的作用。哲学虽然无法代替思想政治教育，但是它的一般原理对于思想政治特殊规律的研究具有指导性作用。我们可以说，哲学和思想政治是一般与特殊的关系。①

哲学既是世界观，又是方法论，哲学为思想政治教育提供理论基础，为其在世界观、价值观和人生观方面的发展提供理论依据。哲学还为思想政治教育提供了最高层次的方法论依据，是一项基本规范和准则，使人们更好地处理和驾驭自己同外部世界关系。思想政治教育要将哲学作为支撑，帮助学生树立正确的人生观、价值观和世界观，在这项灵魂塑造的活动中，引导人们正确地认识世界、改造世界、创造理想世界。

实现思想政治教育目标的根本保证和最高成果就是引导和帮助人们树立马克思主义世界观。马克思主义世界观是正确的、科学的世界观，把辩证唯物主义和历史唯物主义有机统一起来。随着人类社会不断发展，人类文明也在不断进步，思想政治教育作为一项有意识的、自觉的人类教育活动，它逐渐走向科学，并且趋于成熟。任何认识世界和改造世界的活动，都是按照一定的世界观和方法论来进行的，哲学是人类精神世界的核心。思想政治教育以世界观、人生观、价值观等方面的教育为重要内容，更需哲学理论对它进行引导和规范。

思想政治教育科学体系严谨、哲学内容丰富。思想政治教育的本质属性主要有四种，分别是政治性、教育性、思想性和管理性，也就是说，思想政治教育区别于其教育的内在规定性，并成为其自身性。思想政治教育的认识论结构、思想政治教育的本体论规定和思想政治教育的方法论形态是其基本哲学体系，主要包括三个方面。思想政治教育本体论的重要内容是思想政治教育的本质属性与基本规律，其对思想政治教育的根本特点和发展趋势起决定性作用，并对其形成制约。

① 王东秀.论高校思想政治教育与和谐校园的构建[J].经济与社会发展.2007,(3):209-211.

思想政治教育的本体论是思想政治教育基本哲学内容体系的基础理论部分。它围绕思想政治教育的本质属性与基本规律，思想政治教育的主体与客体及其相互关系来展开。思想政治教育的哲学取向是从哲学角度概括和总结思想政治教育价值取向深度。[①]

（二）系统论理论

研究系统的一般规律、模式和结构的科学就是系统论。系统论是一门具有逻辑理论和数学性质的新兴科学，它用数学方法定量地描述其功能，寻求并确立原理、原则和数学模型，并且适用于一切系统，研究各种系统的共同特征。一般来说，系统论是具有代表性的系统论，它是研究系统中结构和功能、整体和部分、系统和环境等之间的相互作用和联系的课题。

在学界，系统的定义一般是具有某种功能的有机整体，以一定结构形式由若干要素联结构成。这个定义阐述了三方面的关系，分别是要素与要素、要素与系统、系统与环境，还包括了四个概念，分别是系统、要素、结构、功能。系统是普遍存在的，从系统论的角度来看，世界上任何事物都可以看成是一个系统，使系统结构得到调整，使各要素关系得到协调，从而使系统得以优化，这就是研究系统的目的。

根据维纳的控制论，负反馈系统应包括感觉器、控制器和效应器这三个器官。和外界交往由感觉器负责，收集自己完成任务和当前环境的消息；从事加工、选择以及评估信息的工作由控制器负责，并根据收集到的信息和它所记忆的信息对自身的行为或动作进行决定；实现某些特定的目标由效应器负责。后来，艾什比对维纳的控制论做了进一步的完善，他是控制论的杰出代表。他更高、更深刻地总结了反馈调节机制的本质。他认为，在一个控制系统中存在着主动系统，即施控系统和被动系统，即受控系统这样两个相互依存、相互作用的子系统。系统的构成要素之间必然包含着信息传递的回路，前提是它们之间存在着相互作用，因而内稳态和维系它的负反馈调节是由它们之间的相互作用造就的，系统目标的形成只是相互作用的系统要素形成的结果。我们将维纳和艾什比的观点综合起来看，一个完整的控制系统由三部分构成，分别是目标子系统、施控子系统和受控子系

① 蒲洋．论高校思想道德教育与构建和谐校园的内在联系 [J]. 怀化学院学报 .2007，（5）：23-24.

统，初始目标和更新目标两部分组成目标系统，控制器是施控系统，效应器和感觉器两部分组成受控系统。[①]

（三）管理学理论

马克思指出：“一切规模较大的直接社会劳动或共同劳动，都或多或少地需要指挥，以协调个人的活动，并执行生产总体的活动——不同于这个总体的独立器官的运动——所产生的各种一般职能。”自 19 世纪末 20 世纪初管理学开始形成以来，学术界对“管理”这一基本概念提出了各种各样的见解。管理是在一定范围内，由一定人员依据一定的理论通过外部协调、内部疏通，使人、物、信息等资源发挥最大合力以实现目标的过程。系统研究管理活动的一般规律和基本方法的科学就是管理学。管理学的产生是为了适应现代社会化大生产的需要，它的目的是在现有的条件下，研究如何通过对人、财、物等因素的合理整合，使生产力的水平得到提高。无论是在东方还是在西方，我们均可以找到古代哲人在管理方面的精辟阐述。而现代管理学的创立是以泰罗的名著《科学管理原理》以及法约尔的名著《工业管理和一般管理》为标志。管理专家曾经预言，当人类进入 21 世纪的时候，以管理理念上人本管理思想的空前强化（人性化）、管理手段和方法上的柔性化、组织运作形态上的虚拟化等为基本特征的崭新的管理时代将悄然来临。

（四）教育学理论

教育学主要是对不同时期的教育现象和问题进行研究、对一般教育规律进行揭示的一门社会科学，它是一门独立的学科。目前已知世界上最早专门论述教育问题的著作是我国战国晚期的《学记》。但是，在教育科学体系中，教育学作为一门独立的学科，是其对各个不同时期的教育实践经验进行了总结，并经过长期积累发展起来。

教育是对社会中人的活动进行有目的地培养和指导，是广泛存在于人类生活中的社会现象。只有对其进行深入研究，经过长期积累成为教育学特定的研究对象，才能有效地进行教育活动。特别是随着现代社会的飞速发展，现代教育实践也在不断地发展，对教育学的研究也有了更新、更高的要求。有很多教育问题需

---

① 丁林 . 加强思想政治教育，推动和谐校园建设 [J]. 中国高教研究 .2006，（2）：127.

要人们深入研究，例如，教育目的、内容，教育主体问题，教育制度问题，教育管理问题，反映中国特色的各种教育理论和教育实践问题，教育本质问题，教育实施的途径、方法、形式以及它们的相互关系问题，教育过程问题，教育、社会、人三者关系问题等。

（五）心理学理论

研究心理一般规律的科学就是心理学。思想政治教育学的知识来源和借鉴对象就是心理学，作为一门主要研究教育规律与人的思想品德形成和发展规律的学科，思想政治教育与心理学密不可分。思想教育具有正确性和有效性，其具有两个基本条件：一是要实现既定的思想教育的任务和目的，就要依照思想教育心理形成和发展的规律；二是规定思想教育的目的和任务，就要按照一定的阶级和社会的要求。心理学在一般意义上研究了正确培养完善个性和健康心理的做法的问题和人的心理活动的本质和规律问题。心理学注重完善人们个性和品质的问题，并且是行为、认知和情感实践训练相结合产生的，思想政治教育学正是以心理学规律作为基础，从而产生“晓之以理、动之以情、导之以行、持之以恒”的规律。你的建议被接受，通常是这个建议“通情、达理、可行”。在这种情况下，要想达到预期的效果，单纯的通情、说理或以罚代教都是不行的。思想政治教育学研究可以采用心理学的基本研究方法。将心理教育的内容和原理纳入思想政治教育中，能够使教育更加具有有效性、科学性和针对性。例如，掌握一些认知原理，如近因效应、光环效应、首因效应和定势作用等，能够避免犯主观认识错误，如“先入为主”和“以偏概全”等。[①]

当代大学生健康的心理素质包括正常的智力、健康积极的情绪、和谐的人际关系、统一的人格、积极的意志品质、能够适应和改造现实环境、心理行为符合年龄特征、悦纳自己等内容。

① 王宏德，张国平．加强大学生思想政治教育着力构建和谐校园 [J]. 学习导报 .2005，（4）：121-122.

五、为什么要培养大学生的综合素质

（一）培养大学生综合素质是国家发展的必然要求

通过一个国家的高校青年大学生可以看到这个国家的未来，青年大学生的兴趣、要求和愿望，他们的主流和本质，他们当中有代表性的思潮、观点和见解，他们的社会化特征都是一个国家的缩影。当前社会最敏感的问题就是青年大学生问题。面对更加复杂的21世纪，青年学生受到了更多的冲击和影响，面对面前光明但曲折的道路，青年大学生要学会认识社会，不断地进行学习和实践，使自己的社会性得到发展，最终能够适应社会，达到全方位的成熟。

当代大学生的主流特征主要包括以下五点：

1. 开放的特征

当代大学生追求更加充实的精神生活和物质生活，他们有很强的自主性，他们对于恋爱观、幸福观、人生观和家庭观有自己的看法和见解，他们有着开放的思想、活跃的思维，他们不屈服于权威，敢于向恶性势力提出挑战，他们不盲目相信传统答案，也不会将书本结论和领导的解答作为金科玉律，他们渴求通过努力而寻求一个答案，对于事情的看法有很强的深入性和批判性，他们标新立异，常常进行一些具有开创性和独创性的工作，敢于回避陈规陋习。

2. 动态的特征

大学生精力充沛，正处于人生中最有活力的时期。在开放的社会里，他们的视野和思维不再像以往在封闭式的环境里那样受到限制，尤其是现在的物质生活比较充实，他们有了更多的精力进行更加丰富多彩的活动，青年大学生喜欢紧张兴奋的生活方式和充满刺激的活动，他们厌恶死气沉沉的社会生活，生动活泼的活动备受他们的欢迎，他们喜欢在紧张的生活之余痛痛快快地玩耍。

3. 合群的特征

在青年大学生中，友谊感是非常重要的。大学时期正是广泛交友的时期，友谊感促使他们积极地结交朋友，他们喜欢参加集体活动，生理的成熟又使得他们的友谊圈子扩大到异性，现在交通和通信技术都很发达，他们的社交范围日益扩大，在空闲时间或者节假日，一群青年会聚在一起无拘无束地谈论生活、学习、兴趣、未来、人生和理想。

4. 自信的特征

当代大学生对自己有着很强的信心，他们敢于表明自我价值，敢于冒险，积极进取，他们希望可以通过自己的拼搏取得事业上的成功，他们也希望能够得到社会的认可，他们对自我价值十分看重，并且十分渴望为社会做出贡献。他们希望自己具有果断性、顽强性、原则性、独立性、自觉性和正确性，不愿意被别人控制和支配。

5. 进取的特征

随着改革开放的不断推进，当代大学生有了更广阔的视野，他们看到了民族的希望和不足，他们内心有着强烈的求知欲望，他们希望用自己的知识和能力报效祖国，为祖国做出贡献。随着技术革命带来的挑战，知识经济时代也逐渐到来，引进的竞争机制让当代大学生感受到了紧张和责任感。

总之，我国当代大学生，主流、本质是好的，面临改革开放大潮的冲击，他们成了承前启后的一代，他们是大有希望、大有作为的一代。但是按照“全面发展的人”的要求，就每个个体而言，还存在着许多不能忽视的问题。

在思想上，有的大学生还尚未树立起成熟的价值观和马克思主义的世界观和人生观，看待社会和人生不能正确运用历史唯物主义的立场、观点和方法；不能运用辩证唯物主义的基本观点看待问题，即不能以全面的而不是片面的、互相联系的而不是孤立的、动态的而不是静止的、客观的而不是主观的、本质的而不是现象的观点和方法对问题进行观察、分析，并最终使其得到解决；缺乏全心全意为人民服务的精神，还有时代精神、合作精神、科学精神、探索精神、奋斗精神、奉献精神；对于现实生活中的各种社会现象和社会思潮尚且无法进行正确的分析和客观的评价，无法时刻使头脑保持清醒、使思想能够稳定以应对复杂的社会现实；面对极端个人主义、拜金主义和享乐主义等腐朽思想无法进行抵制和克服。在思想观念方面，现代意识，如平等意识、竞争意识、效率意识、改革意识、民主意识、时间意识、创新意识、科学意识、法制意识、自立意识、信息意识等还未真正树立起来。

在政治上，有的大学生还未树立坚定且正确的政治方向、政治立场、政治信念和政治志向；不能识别和抵制各种错误思潮的影响，经不起政治风浪的考验；不能坚定地坚持四项基本原则，不关心国家大事，只具有单纯的、朴素的、浅层次的爱国主义情感，而没有深层的、强烈的爱国主义情感，并未把这种情感升华为爱国思想，升华为对祖国的热爱、对祖国前途命运的关心、对民族利益的无限忠诚，也未表现出为争取自己祖国的独立富强而艰苦奋斗、英勇献身的实际行动。

在道德方面，有的大学生的做法也不尽如人意，不仅做不到弘扬传统美德，而且共产主义道德观念还很淡薄。在市场经济的消极因素影响下，部分大学生存在拜金主义思想，也没有什么理想和前途观念，对一些基本的社会公德一知半解，甚至完全不了解。还有一些人是极端个人主义，没有什么集体观念，在进行自我设计时，将自己与社会、他人的关系割裂开来，坚信个人至上，不反省自己，反而更多地去指责别人。享乐主义思想也有所表现，比如平时不认真学习，考试之前临时抱佛脚，或者考试作弊，想其他歪点子，还存在一些比富斗阔、超前消费、怕苦怕累的现象，对于劳动人民的劳动成果毫不珍惜，浪费现象严重。缺乏社会公德，举止不庄重，谈吐不文雅，不尊重老师，不关心同学。不为老弱病残让座，不同情遭遇不幸的人，不注意公共卫生，在教室阅览室交谈影响别人学习，同学之间缺乏友爱。

在心理素质方面，据心理学家们大规模抽样调查，在我国大学生这样的“高智商”群体中，有“心理疾病”或“心理障碍”的比例大致在30%~40%左右，比较严重的大致在10%左右。这个数字传递给我们这样一个信息：即使在“高智商”的年轻人中，产生那种“生命自我毁灭行为”也是不足为怪的。一些大学生虚荣心、自尊心特别强，特别任性，特别自责，特别以自我为中心，特别不容易与他人相处。一遇到什么挫折，心里就特别难受、痛苦、忧郁、恐惧，就会特别地缺乏自信，特别地自卑。自杀行为，就是一个人缺乏自信、缺乏自我力量感的一种最明显的表现，就是一个人人格脆弱的最极端表现。许多大学生自认为自己心理健康，其实不然，情绪不稳定、情绪低落、情绪矛盾、反应迟钝、注意力不集中、记忆力衰退、思维迟缓、逻辑混乱、接受力差、应变速度慢、意志不坚定、缺乏自制力、固执己见、放纵自己、目标不专一、嫉妒心强等都是心理不健康的表现。有人不愿意从事任何活动，对自己毫无信心，全盘自我否定；有人承受不了考试失败的压力或者恋爱中的挫折而产生轻生念头，或者有自毁行为；有人无法接受现实，进而开始逃避，表现得玩世不恭，或万念俱灰；有人因为解决不了人际关系中存在的问题，不愿意再和群体交流而进行自我封闭。目前焦虑、恐慌、神经衰弱、强迫、抑郁等都是我国大学生中心理疾病的具体表现。大学生其他素质的培养直接受到心理素质的影响。

从身体素质来看，只要是一个神智正常的人，就应该懂得，健康对人的一生是多么重要，然而许多人在享有健康的时候却不会真正领悟到健康的宝贵。只有在身患疾病或者失去健康的时候，才能最真切地体会出健康的价值，尤其是青年人，他们不一定能真正意识到青年时代的健康是一生健康的基础。长期的应试教育和高考指挥棒的挥舞，致使青少年在成长过程中只注重知识的积累和智能的开发，而忽视了体质的增强，超负荷的学习任务占用了很多青少年玩要和娱乐活动的时间。考入大学后，除了体育课外，没有自己喜欢的一项体育运动，也不再参加任何体育活动；学习压力较高中阶段相对减轻，体重增加，体育成绩不达标。概括来讲：现在大学生看球的多，踢球的少；化妆的多，健美的少；讲营养的多，能锻炼的少。

从知识素质来看，不管是综合素质的提高，还是综合能力的培养，都是以学习为基础的、从最起码的知识开始的，只有勤奋学习，不断积累和提高自己的知识水平，才能适应时代的发展，铺就成功之路。现在不少青年大学生意识到这点，能够珍惜时间、刻苦学习。但是，也有不少青年大学生不思进取，崇尚“60 分万岁”。早上九点和下午三点还在被窝里躺着，到晚上就上网、喝酒，有的则把主要精力放在谈恋爱上。现代的大学生要意识到，合理的知识结构也是成功的必备条件。无论是自然科学、社会科学还是思维科学，都要有一定的知识基础，既博又专，既有扎实的专门知识，又有广阔的视野，才能为其成功插上腾飞的翅膀。知识素质应包括人文素质和科学文化素质，二者不可分割。清华大学是我国著名的理工科高等学府，但清华大学的许多毕业生都非常重视人文社会科学的学习和艺术修养。他们称缺乏人文知识的大学生为“半个人”。现在的大学生，由于初、高中阶段应试教育的影响，使许多青年根本没有心思和精力去阅读一些与考试无关的书籍，在认识上也有误区，认为学理的没有学文的头脑，学文的没有学理的头脑，从而只重视其一，不重视其二，等等。

智力素质、审美素质、能力素质、科技素质、创新素质等方面也存在需要不断认识、不断提高、不断完善的问题。总之，随着时代的发展，随着人类社会文明的进步，随着素质教育的逐步深入，当代青年大学生一定能够认识到素质教育的重要性和紧迫性，从而努力学习，勇于实践，不断总结，逐步提高，将自己培养成为“全面发展的人”，以较高的综合素质适应未来新的机遇和挑战，为建设有中国特色的社会主义伟大事业发挥聪明和才智。

（二）我国大学生在学习过程中存在的问题

目前，我国大学生还存在一些偏向观念，重技术轻人文、重理轻文。一些同学只听专业课的东西，而非专业课就完全不听，将其当成休息课，这样的做法就会导致他们局限于某一专业领域，知识面狭窄，文理分割严重，没有坚实的基础知识，必要的基础理论与知识修养也很缺乏；还有一些同学只热衷于考证，对外语、计算机等实用技能性知识片面重视，忽视了其他专业知识的学习，这就会导致大学生知识结构不平衡、素质发展不平衡，最终难以适应时代的发展，影响就业。

（三）我国大学业就业现状、存在问题和原因分析

现如今大学生就业形势越来越严峻，这是由于金融危机爆发，经济萧条，就业人数急剧增加导致大学生就业难有很多方面的原因，不仅有经济性因素，也有社会性因素。与发达国家相比，中国的高等教育事业仍有待提高，但是大学的招生数量并没有减少，所以，大学生就业难将会长期存在。有调查结果显示，造成就业难的主要原因是当前大学毕业生的综合素质与用人单位的实际需求并不相符，其中存在巨大的差距，制约毕业生能否顺利就业的重要因素就是毕业生的综合素质低。想在激烈的企业竞争中保持优势，就必须有高质量的人才作为竞争优势的基础和保障，归根结底，企业之间的竞争就是人才的竞争。我们也不能忽视其他方面的原因。首先，高校扩招使得学生质量参差不齐，而且在进行扩招时并没有考虑师资等软件实力是否达标，这必然就会导致大学生的综合素质水平不会很高，而就业的本质恰恰是对求职者综合素质的考量，如果一个大学生不具备社会所需要的综合素质，那他势必会在求职中处于不利地位，影响就业的重要因素就是大学生是否具备社会需要和认可的综合素质。其次，部分大学生在传统教育模式的影响下，重理论轻实践，在实际的工作中动手能力不强，知识面并不宽泛，知识架构也缺乏创新的活力，这使得大学生所学的理论并没有和实践相联系，使其自身的综合素质水平受到了影响。再次，现在的学生受个人主义的影响，缺乏

团结协作的能力，再加上他们来自不同的地区，生活习惯和文化背景存在很大的差异，这就使得他们的集体主义感和团结意识薄弱，无法很快地适应社会条件，对日后的工作协作能力造成影响。最后，现如今的应试教育导致相当一部分学生只注重高考成绩以求考上大学，而忽略了自身社交能力、表达能力等的培养。现在许多大学生都是独生子女，基本上对于交际能力的培养并不重视，这对于日后走上社会是很不利的，用人单位在招收员工的时候，看的不只是文凭，他们更重视应聘者自身的综合素质、创造力和专业能力，企业的老板并不只想要一个专业能力强的人，他们更希望要一个综合能力强的人，如果一个连日常社交都不能正常完成的人，又怎么能把自己的优势展现在招聘者面前呢？就业能力的基础是综合素质，综合素质的集中反映是能力。随着社会主义市场经济发展得越来越快，社会对大学生提出了更高的要求，即他们要有更加全面和良好的综合素质。面对激烈的竞争市场，大学生首先要转变观念，现在早就已经不再是毕业包分配的“精英”教育阶段，而是就业双向选择的“大众化”教育阶段。在这个竞争激烈的年代，大学生在校期间就要打好就业基础，掌握更多的就业技能，将自己的心态调整好，正确认识自己，做好职业生涯的规划，了解社会对人才的本质要求，努力提高自身综合素质，使自己在激烈的竞争中处于主动地位。

（四）马克思对于人的全面发展理论

促进大学生全面发展的理论基础就是中国共产党关于人的发展的经典论述和马克思关于人的全面发展理论。马克思认为，随着社会的发展，实践活动也应该不断深入，人们应该全面发展，“人以一种全面的方式，也就是说，作为一个完整的人，占有自己的全面的本质。”不仅是体力和智力的提升，还有思想道德水平的提高。

（五）新时期对当代大学生全面发展的要求

新形势提出了新要求，高校要加强大学生全面发展的教育，并且对其不断地进行改进，使大学生的科学文化素质、健康素质、适应能力、思想道德素质和创新能力等各方面协调发展。

1. 思想政治素质方面的要求

首先要使大学生树立正确的政治方向，要加强和提高大学生的思想政治素质，发扬爱国主义和集体主义精神，增强法律意识，把为人民服务作为自我修养的核心内容，形成良好的思想政治素质。要坚定大学生对社会主义和对党的领导的信念和信心，加强理想信念教育；要加强以改革创新为核心的时代精神教育，加强以爱国主义为核心的民族精神教育，使大学生服务人民、积极奉献社会，在这个过程中使自我价值得以实现；要加强马克思主义中国化的最新成果教育，努力抓好思想政治教育工作，对大学生正确的世界观、人生观、价值观的形成进行引导。

2. 健康素质方面的教育

加强大学生的健康素质教育，有利于大学生形成健康的人格，促进大学生全面发展。要增强大学生对体育项目的兴趣，提高其体育竞技水平和素养；要培养大学生养成自觉锻炼的好习惯，使大学生牢固树立“健康第一”的思想。

3. 科学文化素质方面的培育要求，即智育要求

智育是对系统的科学文化知识进行传授，使大学生掌握基本的技能、技巧，形成科研观念，使其智力得到发展的教育。要让大学生适应社会的发展，也要让他们适应科技进步所提出的要求，大学生在学习过程中不仅要积累丰富的知识，还要建立合理的知识结构，使自身的智能得到开发和培养。

六、当前大学生综合素质培养中存在的问题

我国高等教育对大学生的综合素质培养提出了要求，但随着其发展进程不断加快，其中存在的问题也日渐突显出来，主要表现在以下四个方面：

（一）重知识灌输，轻精神培养

长期以来，我们的高等教育忽视学生的主体地位，片面地强调以教师为中心，教材为中心，学生的主动性、积极性、创造性得不到发挥。我们的教育忽视对学生心灵的点拨，学生的智力难以得到启发，单纯重视知识的传递是远远不够的；我们的教育忽视学生的智力与非智力、生理与心理、情感与意向等因素的协调发展，片面强调知识的灌输是不科学的。无论是人文社会科学还是自然科学学科的教学都存在着很大的问题，重知识教学，轻精神培养的情况不同程度地存在于我们的教学之中。在课堂教学中，以下现象非常常见：把人文科学单一地等同于历史知识、文学知识的教学，把自然科学当作知识来传授。科学教育变成了一门孤

立的学科知识和科学知识的教学。在学习过程中，部分大学生选择要考试的就学，觉得有用的就学，觉得对就业有帮助的就学，这种将学习的知识是否考试、是否有用、是否对就业有帮助作为选择标准的情况，不利于大学生综合素质的培养。通常来说，大学生认为人文社会科学知识没有什么用处，对于自己考试或者就业是没有用的，而过分重视科学技术知识、英语和计算机技术的学习。虽然学生确实学了许多课程，但是他的教育层次和知识水平与素质并没有处于相应的水平上，当前社会特别重视大学生人格、人品问题，这充分表明大学生的“人”的因素并没有得到重视。

（二）教育“育人”不足，“制器”有余

新中国成立以来，政府将教育的投资完全承担起来，由于计划经济条件的制约，高校教育市场具有封闭性、非完全竞争性和低效性，这非常不利于高等教育自身的发展，使高校的育人功能十分局限，教育显示出了强烈的功利性和工具性，接受高等教育成为许多学生就业的出路和谋生的手段，培养有一定技术专长的、社会急需的、能干活的“工具”成为高校的主要职责，培养有技能专长、健全人格，德智体全面发展的“人”的育人功能被彻底弱化，高等教育陶冶人的情操的功能也被忽视。随着市场经济的不断繁荣，我国成立了各种专门型、单一的技术型学校，各种实用和热门的专业也相继成立，高等教育的功利心，使得教育成为个人为谋生或者从事某方面技术工作的跳板，学校成为传授一门技术或者一门专业的地方，这种教育不会培养出全面发展的人，只会培育出“工具”，只会使学生的知识结构不健全，知识面狭窄，成为“人力”来“生产”的木偶。教育的广度（大教育、泛教育）和长度（终身教育）都得到了增加，但是却不再重视对人的关怀与人格的完善、对人性的提升和人的和谐发展，如果教育缺少对人类可持续发展的思考，不再关注人的精神生活，那么人与人之间的矛盾就会更加凸显，人与自然之间的冲突也会更加尖锐。

（三）忽视了大学生个性的差异

大学生综合素质的培养应该因材施教，不同的大学生有着不同的个性，我们要遵循教育的基本规律，对大学生进行分类教育和指导。但实际上我们的高等教育仍然保留着传统的模式，几乎是千篇一律，统一的计划、要求和内容，大学生

个性差异仍然被忽视，我们的教育过程和教育途径仍然存在着呆板和程式化倾向。尽管这几年素质教育开始被广泛提倡，但是仍然没有改变根本的状况，现如今，高考也不再限制考生的年龄，高等教育越来越大众化，但这也导致学生本身的个性差异不断加大，大学生综合素质的培养面临着新的挑战。

（四）缺乏创新精神和实践操作能力的培养

大学生综合素质的培养关键是培养自我教育的能力，主要是对学生解决问题的能力和创新精神进行培养。在以前的教育模式下，“知识多”的人才是培养的目标，但是在现在的素质培养模式下，“知识全”的人才，才是培养的目标，大学生综合素质的培养就显得格外重要，如何有效帮助学生形成并发展自己的兴趣、爱好，如何让学生成为独立自主和有创造性的人是现阶段综合素质教育应该重点思考的问题。目前大多数高校的综合素质教育增加了通识教育课，一般都是在专业课程教学之外，但是这样就使得素质教育等同于通识教育，使其与专业教育对立起来了，最终使综合素质培养没有收到应有的成效，落不到实处。从学生的角度看，要让其明白学习不是一个对永远不变的知识进行反复钻研的过程，让学生学会学习、主动学习，发挥自身特长，才是学习所要取得的效果。在教学过程中，要培养学生的实践操作能力和创新能力，鼓励他们积极动手动脑。综合素质要求大学生培养身心健康的“创新型”人才，但是前提是要把学生视为一个生动的、完整的个人，重视其学习的主体地位，培养学生的创造能力，使其拥有解决问题的能力，使其具有自主性、能动性和创造性。

教育不能忽视大学生个性的差异，既不能完全依靠科学主义，也不能让人文教育没落，否则就会导致科学教育对科学的背离，使教育变成“制器”的工具，在大学生素质培养中，要真正做到以人为本，重视创新能力，关注人的个性自由全面发展。

七、综合素质教育应坚持的原则

（一）全面性原则

全面性原则的内涵主要有以下几个方面：第一是高校必须坚持让每一位在校学习的学生都能获得素质教育的机会，素质教育必须面向全体学生。这既是实现高校培养目标所必需的，也是教育的公平性原则所要求的。因此，高校教育工作者一定要一视同仁地对待学生，不厚此薄彼，尤其是不歧视来自偏远山区的学生和所谓的“后进生”，使每个学生都能够享受到学校提供的素质教育服务。第二是要关注学生的全面发展。我们在进行素质教育时要注意到人的各种素质之间是相辅相成的，我们将人的素质概括为身体、心理素质，政治品德素质，业务（知识、能力）素质等方面，这些素质缺一不可，不能有所偏废，要使它们形成一个科学的素质结构体系。全面性原则的第三层含义就是，大学生的素质教育是一项系统工程，需要学校各部门协同配合、齐抓共管，更要求做到全员育人，高校的每一位教师都要坚持做到既教书又育人。素质教育的目的就是要改变传统高等教育存在的缺陷，使学生的综合素质能够得到和谐全面的发展，教育工作者必须具有自觉的素质教育思想，在教育教学中要通过富有创造性的环节，使学生德智体美劳全面发展，成为社会主义事业的建设者和接班人。

（二）主体性原则

在过去的教育模式中，我们将教师作为中心，现在的素质教育要求我们改变这种教育理念，尊重学生主体地位，牢记要将学生作为教育的中心。要对学生保有充分的尊重和信任，注重培养学生良好的个性心理品质，爱护学生的个性，促进其个性的发展，重视培养创造个性，让学生生动活泼地发展。坚持主体性原则，教育工作者要有民主、平等的意识，与学生建立起和谐民主的师生关系，充分发挥学生的主动性与积极性，鼓励学生敢于想象、大胆创造，发展优良的个性品质，努力使学生在自觉参与素质教育的过程中，整体素质得到培养和提高。

（三）实践性原则

素质教育的一个重要任务就是要让受教育者不仅能掌握必要的理论知识，而且能够培养起很强的实践能力。大学生在专业技术的学习过程中离不开实践性原则，坚持实践性原则就是在课程设置和课程教学中实施的实践性教学环节，如实验、社会调查、课程设计、实习、毕业作业和毕业设计等，其目的就是为了消化理论，将知识转化为能力，通过理论与实践的结合提高人才的素质。在大学生的思想政治素质教育方面同样必须坚持实践性原则。思想政治教育能否收到实效，是否使人的思想观点、立场得到改变，归根到底体现在人的行动上。所以，要从实践性的角度出发去认识和教育受教育对象，以提高思想政治教育的实效性。中共中央、国务院在《关于进一步加强和改进大学生思想政治教育的意见》中，把“坚持政治理论教育与社会实践相结合”作为加强和改进大学生思想政治教育的一条原则规定下来，无疑是非常必要的。高校要引导大学生走入社会，不能让学生脱离社会实际、脱离社会思想政治教育的大课堂，重视大学生道德素质、政治素质、思想素质、法律素质等方面的教育，探索和建立与专业学习、创新创业、勤工俭学、服务社会、择业就业相结合的社会实践机制，坚持实践原则，让大学生深入基层，深入工农群众，在社会实践中全面提升自己的素质，熏陶思想感情，增长知识才干，充实精神生活，提高道德境界，做到知、行统一。

第二节　影响大学生素质的因素

当前教育界和理论界的热门话题就是应试教育向素质教育的转变，有关大学生的综合素质方面的论述也屡见报端。制约大学生素质形成和发展的因素有很多。大学生个体素质就是准则、价值观念、社会规范与个体身心作用的结果。大学生素质的形成与发展受到家庭氛围、人际关系、学校的教育与管理、社会现实状况、国际国内环境、校园文化、个体的人生观、价值观等的影响。

一、当代大学生综合素质现状

改革开放以来，我国的文化、经济、政治等方面均有了很大程度的发展。尤其是经济水平的快速提高，为人们提供了强大的物质保证，为人们的全面发展和综合素质的提升提供了基础。现在是一个物质条件相当丰富的时代，当代大学生在这个环境中，有了更多的精力去追求自己理想，他们思维活跃、知识丰富，有着强烈的个性意识，他们对祖国充满热爱，有一定的社会责任感，整体的发展态势是非常良好的，但同时他们在一些方面也存在一些欠缺和不足。

（一）思想道德素质方面

1. 价值观错位

市场经济的不断发展，也带来一些问题，在其冲击之下，当今有的大学生产生了庸俗的价值观，如拜金主义、享乐主义等，他们将拥有金钱的多寡作为衡量人生价值的标准，甚至认为接受高等教育就是为了赚钱享受优质的物质生活，这与我们所提倡的理想信念教育并不相符。

2. 道德感薄弱

现在的一些大学生更多地关注自己的得失成败，变得自私冷漠，不愿意去对周围的人和世界展示出自己无私奉献的精神，甚至嘲笑曾经的“雷锋精神”。

3. 崇尚西方民主政治

当代有些大学生对中国历史不甚了解，不考虑中国的历史和现实条件，一味地鼓吹多党制和议会民主，深受西方资产阶级自由化思想的侵蚀。

以上从三个方面阐述了当代大学生的一些不足和问题，分别是思想素质、道德素质、政治素质。当代大学生综合素质的重中之重就是思想道德素质，必须要对其高度的重视，要提高当代大学生的思想道德素质，就必须坚定马克思主义信仰，以马克思主义人的全面发展理论作为指导，并及时给予纠正。

（二）科学人文素质方面

大学生主要存在的问题就是科学素质和人文素质之间的割裂。新中国成立初期，我们国家需要无数的理工科人才，因此进行了 1952 年的院系大调整，使得理工科受到推崇，但是这是因为当时国家需要大量地搞建设，不可避免地使人们形成科学“有用”，而人文科学“没用”的观念，那时候科学和人文之间的割裂现象就十分严重。改革开放以来，邓小平同志提出的精神文明和物质文明要“两手抓，两手都要硬”的观点，虽然在某种程度上使人们开始对人文科学有所认识，但是人们内心仍然存在对两者地位的偏见。这种现象一直持续到今天，在当今的大学生人群中，文科生和理科生互相看不起，理科生认为文科生学的知识没有什么实际意义，认为他们学的东西假大空，没有什么价值；而文科生认为理科生不懂美好的情感，只懂得数据和技术，没有丰富的精神世界。由此可见，科技和人文之间仍然存在割裂的现象，这就导致了理科生缺少人文知识，在一些常识问题上还有疏漏，而文科生则存在缺乏科学知识的现象。在现实的大学生活中，我们的确很少见到懂相对论的文科生，我们也很少见到有哪个理科生有诗人的情怀。实际上，人文素养与科学素养本身就应该统一起来，有人对此感到痛心，并且颇有感慨地说出："事实上，我们的教育正在培养着两种'畸形人'：只懂技术、灵魂苍白的'空心人'和侈谈人文、不懂技术的'边缘人'。"[①]

（三）创新素质方面

当代大学生综合素质培养的关键就是创新素质，当代大学生有一定的创新意识，并且也具有一定的创新能力，但是这仍旧是我们的薄弱环节，和国外发达国家的大学生相比仍然有一定的差距。某高校做了一个关于创新意识的调查，最终结果显示，40% 的人有创新的意识，45% 的人缺乏创新的意识，剩余 15% 介于两者之间。再者说，高校每年的毕业设计和毕业论文中也很少有作品可以被称为是有创新或者有创建的，由此我们可以知道，当代大学生仍然没有很强的创新意识，也没有充足的创新动力，这就需要我们搞清楚原因，并且制订行之有效的计划。

（四）身心素质方面

随着我国经济水平不断提高，相较于以前，现在大学生的物质生活是相当丰富的，在饮食和营养方面，大学生的身体需求是完全可以被满足的，但是有关人士却指出，现在大学生的身体素质已经大不如前了，有些大学生不爱惜自己的身体，熬夜上网，不规律饮食，这都会导致体质的下降。同样还需要关注的是当代大学生的心理素质，很多大学生在刚入学时产生了强烈的不适感，这主要是由于他们习惯了家长的宠爱，初次独立生活，还存在较强的依赖心理，他们自主能力不强，不能独立，这会给他们增加很大的挫败感，甚至会变得自卑、孤僻，他们习惯了整个家庭围着自己转的感觉，因此初入大学，他们可能会以自我为中心，过高的自我定位使他们无法面对挫折和失败，从自负走向自卑。这些都充分显示了当代大学生存在的心理问题和有关身体素质的问题，我们需要为大学生营造良好的环境，使其身心和谐发展。

---

① 吴剑平. 清华名师谈治学育人 [M]. 北京：清华大学出版社，2009.

二、大学生素质的影响因素

（一）家庭因素

家庭是由婚姻关系、血缘关系或赡养关系组成的最基本的社会生活组织形式，是社会不可或缺的组成部分。从一个人的成长过程来看，家庭环境是一个人接触最早、接触时间最长、受其影响最深的环境。恩格斯曾指出："忽视一切家庭义务，特别是忽视对孩子的义务，在英国工人中是太平常了，而这主要是现代社会制度促成的。对于在这种伤风败俗的环境中——他们的父母往往就是这环境的一部分——像野草一样成长起来的孩子，还能希望他们以后成为道德高尚的人！"当代大学生大多是"90后""00后"，有很多人是独生子女，父母对他们难免会过分溺爱，但是这样往往会导致他们很难适应集体生活，无法面对挫折和失败，缺乏自信心、自制能力和同情心。还有部分家庭不太和谐，比如父母感情不和，经常吵架或者父母离异等，这都会造成孩子产生不良的心理反应，如心理压抑、有逆反心理、性格异常暴躁、自卑心理强等。

家庭教育在大学生职业社会化中的作用不可低估。家长普遍"望子成龙、望女成凤"，但怎样成"龙"、成"凤"，成为什么样的"龙、凤"，在很多家长那里的概念却是模糊的。看一下家长给大学生的书信，在生活上嘘寒问暖，在思想上却很少提及，有的也只是"好好学习""争取好成绩"这一类的空话。而对于如何引导大学生职业定位合理化、就业方式科学化可以说是一片空白。不同的生活经历、不同的社会条件、不同的成长历程，使绝大多数大学生家长在文化素质上远远低于他们的子女。虽然他们生活阅历丰富、思想行为成熟，但理论上却相对薄弱。而对于喜欢从书本到书本、从理论到理论的大学生来说，这正是他们之间产生"鸿沟"的根本原因所在。大学生会觉得家长根本没有理论指导，对他们的教育也只是管制式的专制。大学生家长本身也存在需要继续社会化的重要问题。社会在发展，成人的社会化也应不断继续。如果家长的价值观念、行为方式远远落后于社会发展或相悖于社会的要求，那是不可能指导大学生做到自身价值和社会价值相统一的。[①]

家庭是最基本的单位，是社会的细胞，其作用是维持、延续血缘关系。家庭

① 柴志明．思想政治教育新跨越 [M]. 杭州：浙江大学出版社，2005.

是特殊的，作为最小的社会组织，家庭承担着生养和教育子女的社会职能，它是每一个人生存和成长的主要环境。高中时代是大学生的成长前期，心理学上将这一时期称为青年初期。这一时期的青年有自己的理想，对未来充满美好的憧憬，这一时期是其世界观形成的时期。他们积极进取，奋发向上，充满着青春活力，但是同时他们也沉不住气，常常急于求成。由于脱离社会实际，因此他们在遇到困难与挫折时，常会感到苦闷与失望。在这一特殊时期，对大学生素质形成起到重要作用的是家庭。家庭是第一所学校，父母是第一位老师，家庭负责教育青少年一代的社会化，这是家庭的基本职能，家庭是青年社会化的基地。家庭对青少年个性的形成、知识的获得、身体的发育、品德的陶冶与能力的培养等都是至关重要的。

家庭教育并不完全等同于教育，是一个孩子由“生物人”向“社会人”转变的社会化过程。家长作为孩子的第一任老师，不仅要全方面地关心孩子，还要注意养成其道德行为规范，培养他的社会适应能力，塑造其个性。家庭要注重培养孩子的生活能力，传授民族的语言，训练道德行为，让孩子学会待人接物，陶冶爱的情操。

青年大学生要想形成良好素质，其中最重要的环节就是健康的家庭氛围。家长举止不端、灵魂肮脏、生活放荡，那么孩子就会任性妄为，甚至走上违法犯罪的道路；反之，如果家长品行高尚、举止优雅、思想健康，那么就会为儿女的健康成长打下良好的基础。

国内外社会学家的研究成果表明：子女犯罪和不良的家庭环境有很大关系，如利己型家庭易引起盗窃型犯罪，溺爱型家庭易引起暴力型犯罪，放任型家庭易引起报复型犯罪，不和睦家庭易引起集团型犯罪等。

教育者一直很重视亲情教育。家庭就具有这种独特功能，家庭教育更容易让孩子接受，而且具有很强的感染性，能够让孩子长久记忆，是学校教育不可缺少的一部分。现在的中国家庭中仍然有很多不完善的地方，这种亲情教育没有充分地发挥作用。

大学生诸多素质的形成在很多方面都受到了父母的影响。他们能进入大学，父母也是功不可没的。绝大多数家庭会对学生的人格和品德形成和生活能力锻炼方面给予正面引导；大多数家庭也会对孩子的学习进行监督和引导；父母也会影响孩子在学习目的、前途和理想方面的选择。当然，大学生也有着自己的选择，他们不会全盘地接受家庭的影响和家庭的教育。

（二）社会因素

社会越来越开放，信息交流也越来越便利，大学生能够超越时空限制与社会频繁接触，社会群体中的大学生暴露于各种文化、各种社会意识的冲突和交锋下，社会生活时时刻刻在影响着他们的观念态度、言行举止、思想意识等，他们在各种社会关系和社会意识的综合作用下形成自身的素质。

我们将大学生称为社会的“温度计”和时代的“晴雨表”。当代大学生具有强烈的责任感和使命感，无论是国内改革还是世界政治经济格局的变化，还是各种新思潮新观念，大学生很快就会做出反响，他们有着敏锐的思维和广泛的兴趣，他们热切地关注着社会生活，他们迫切希望参加社会政治、文化、经济生活，社会关系注定会对他们产生直接而深刻的影响。

在开放的社会中，社会思潮甚至社会变革可谓此来彼往、跌宕起伏，大学生往往会成为最直接的被影响者。为更好地解决经济社会发展中的突出矛盾和深层次问题，去除制约生产力发展的体制障碍，我国各项改革都在不失时机地向前推进。不过由于系统性、复杂性、风险性的加大，使得大学生的生活方式、就业岗位与就业方式等诸多方面发生变化，直接影响了大学生综合素质的培养，社会影响对大学生综合素质的驱动不容低估。

1. 全球化

在世界经济一体化的大背景下，以往那种激烈对抗的冷战气氛不复存在，东西方文化交流越来越频繁，西方意识形态更加直接地进行渗透，激烈的斗争体现在意识形态领域，社会、政治、经济、文化等各种形式的交往与活动越来越复杂。当前，我国处于经济转型期，大学生处于逆反心理年龄阶段，激荡的各种思想和文化，极大地影响了具有强烈好奇心的他们。西方敌对势力借此机会，大肆宣扬西方的价值观，对下一代进行思想渗透和文化渗透，对我国实施“西化”“分化”的战略，利用民主、自由、人权、宗教等问题，同我们党和政府争夺下一代。大学生政治主张和政治见解缺乏系统性，不能对某些政治现象做出深入的具有明显逻辑层次的理论思考。部分大学生的世界观、人生观、价值观日渐扭曲甚至变质。

2. 信息化

高校学生获取知识和信息的重要途径就是网络，网络覆盖面广、传播速度快、开放性高、信息量大、具有很强的便捷性及隐匿性。我国高校传统的思想政治教育工作体制受到完全开放的网络传播的极大冲击和考验。互联网中存在着的信息里面充斥着各种健康或者不健康的、合法或不合法的信息，信息传播的时空限制被互联网打破了，这种急速的变化，可能会使得青年大学生已有的价值观念或者意识形态等发生变化或倾斜，而且更有可能对青年学生主流价值观、人生观的树立和正确的政治信仰的确立造成直接冲击。互联网一方面满足了大学生在学习、娱乐、情感、通信等多方面的需求，起到了积极的作用；但是作为极具诱惑力的新型媒体，另一方面也导致大学生健康人格与道德感的缺失，甚至使其法律意识日渐淡薄。东西方文化的交融和碰撞，互联网中鱼龙混杂，青年学生很难做出选择和取舍。在网络时代，教育者被时间或者其他因素制约，面临大量未知的知识或者信息，他们可能会处于劣势地位，而学生通过网络却可以方便地查到各类信息，无论真的或者假的、公开的或者保密的，这意味着高校思想政治工作者不再具有传统的优势地位，他们面临着严峻的挑战。[①]

3. 市场经济

十一届三中全会以来，在中国共产党领导下，全国人民锐意改革，使社会主义社会的生产力得到极大的解放和发展，初步形成了社会主义市场经济体制的基本框架，使得中国发生了历史性的巨大变化。与此同时，社会主义精神文明建设和社会主义民主法制建设也取得了巨大的进步。我国的社会经济成分、就业方式、利益分配、组织形式以及人们生活方式日益多样化，人们对现实政策的评判也随之发生巨大的变化，对社会和个人前途的期望也不同于以往。面对市场经济的种种负面影响，大学生“免疫力”不强，很容易被外界所影响，价值观念中的趋利性也比较明显。大学生面临不断变化、日趋复杂的社会背景，社会群体利益分配差别和价值主体逐渐出现多元化趋势，分配方式和收入有所不同，激发了人们心理上的不平衡、不理解、不满足，从而产生了不少新的矛盾。大学生同时也是一个思维活跃的青年群体，在这个时期，他们面临的困惑和矛盾明显增多，对社会的各种不公、各种丑恶、各种消极腐败现象产生疑惑，意识到在学校所接受的教

① 张炎．思想政治教育主体性研究 [M]. 广州：广东人民出版社，2006.

育与现实社会有一定的反差，这就造成了一部分大学生对思想政治教育容易形成逆反心理，缺乏热情和主动，接受教育也只是为了按规定获得学分，而不是从树立正确的世界观、人生观、价值观的角度去塑造自己，对思想政治教育产生对立思想等。一些学生成为拜金主义和功利主义的崇拜者，推崇“一切向钱看”，共产主义的理想信念薄弱，对社会应尽的责任和义务他们则很少考虑。还有个别学生沉溺于黄、赌、毒，在高校，学生违法犯罪的现象并不少见。同时高校思想政治教育在课堂上给大学生只谈奉献，只强调集体主义，宣传在现实生活中难以找到的理想中的“圣人”，对社会的阴暗面讳莫如深，使大学生一涉世便发现教育的虚伪性，经不起社会和实践的考验，必然会削弱思想政治教育的实效性。①

（三）学校因素

培养学生的小环境是学校，培养学生的大环境是社会。尽管社会环境制约着学校环境，但是学校环境是相对独立的活动空间。培养教育学生是学校的任务，因此，学校对学生素质有着直接的影响。具体来讲，学生素质的形成受到学校的校风、系风、班风、学校文化氛围、教育环境、教育内容、教育思想、教育方法和教师职业道德的直接或间接影响。

培养目标确定培养什么样的学生，学校教育是目标教育，确立目标之后，制定一系列与之相适应的措施，这决定着学生素质的养成效果。随着社会和科学的发展，经济体制改革不断深化，我国学校的培养目标已不能完全适应，尤其是我国处在长期的应试教育模式中，不仅对中小学的教育质量造成影响，也影响了大学教育。

教育分无形教育和有形教育。无形教育是潜移默化的，是通过教师的行为、管理人员的服务态度和作风来对学生造成影响。有形教育是通过一定的教育方法来传授科学知识，使学生尽快地掌握教学内容。总体上来说，高校教师一心为了教育，他们忠于党的教育事业，用自己的模范行为影响着一代代的青年学生。但是，也存在一些教师不讲师德，与素质教育格格不入，把教育教学管理简单化，不尊重学生人格，以罚代教，不爱护学生的自尊心，不维护纯洁的师生关系，甚至将之变成金钱关系，这些教师的言行举止不当，给大学生带来了许多负面影响。

① 白梅 . 高校学生党支部职责探析 [J]. 教育与职业 .2007，（6）：58-59.

影响学生素质的一个很重要因素就是群体效应，在大学生群体之间，行为是互为影响的，班风和寝室风气都对学生群体产生了很大的影响。如果一个班级班风不正、纪律涣散，或者一个寝室室风不良、意志消沉，那么学生就不可能积极向上，甚至一些心怀抱负的大学生也会意志涣散。相反，如果一个群体积极进取、奋发向上，学生之间有着良好的竞争气氛，这就有利于学生良好素质的形成。

学校教育与管理应该引起我们高度的重视，这是学生良好素质养成的最核心方面，其作用是直接的、具体的、综合的。

1. 校园文化

高等学校作为文化的重要载体，是重要的文化传递阵地，需要大力继承和发扬人类文化，并不断地发展、创造新文化。高等学校依靠自身的优势，可以为社会提供信息咨询与科研成果，并促进社会经济的发展和社会文明的进步。

大部分大学生对大学校园有着美好的憧憬，幻想着美好的大学生活，但现实中的大学校园环境及设施往往不尽如人意，和大学生的想象有一定差距。多数高校学生的生存空间仍然相对拥挤，对大多数学生来说根本无法满足对私密空间的占有要求。尤其是高校扩招以来学生人数的增加，许多高校对学生上课、自习教室、实习、实践机会的安排明显不足与不合理，无法满足大学生主动学习的需求，这必然会对大学生的生活、学习带来负面的影响。有些高等院校由于历史的原因，发展建设的周期较短，或者是资金基础不够雄厚，文化底蕴和人文精神的积淀不够丰富，使得它们可以为学生提供空间，但无法让学生产生认同感。高校校园里各种思潮相互激荡，国际间学者有了越来越多的学术交流，也有了更多的合作目标，许多高校引进外国原版教材和图书资料，博士、硕士论文中引用外文文献的比例也越来越高，更多的老师学生出国学习交流，长久以来形成的文化信仰和政治思想受到冲击，高校价值取向越来越多样，高校价值取向的思想观念、价值取向、行为方式、心理状态等发生了很大的变化，使得部分大学生处于理想信念迷茫的状态。

2. 教师素质

高校思想政治教育者对教育目的、任务的正确认识决定了他们的素质。辅导员、部分专职理论课教师、行政人员等组成了当前高校思想政治教育的队伍，但是这些工作人员并不是长期从事思想政治教育工作，这也反映了一个很重要的问题，就是从事思想政治教育的专业人员很少，教师队伍素质参差不齐，兼职教师比重过大，专职教师偏少。兼职教师承担着行政领导、党务等工作，任务繁忙，对于思想政治教育教学投入的精力很有限，而且他们也会把工作重点放在学生管理或者行政等本职工作中，难免会忽视思想政治教育教学。甚至还有一些思想政治教育者属于照顾校内职工子女就业，他们的知识结构不完善，政治素质和能力水平远远达不到从业要求，他们缺乏马克思主义基本理论的扎实基础，没有经过系统的专业教育，没有系统地学习过思想政治教育学、管理学、社会学、心理学、伦理学等方面的专业知识。

高校认为，学校的中心工作应是教学，因而对学生思想政治工作不够重视，大部分高校都将办好大学的关键归于教学质量与学术水平的高低，教学质量是学校的生命，思想政治工作似乎并不重要。从事思想政治工作的辅导员和共青团干部地位不高，待遇偏低，住房问题依旧困扰着他们，还有其他生活方面的问题得不到妥善处理，评职称也困难重重，大多数高校教师在思想政治工作岗位上工作三到四年的就已经是“老思想政治工作教师”，多数思想政治工作教师两到三年就会考研或转岗。为使工作正常维持，学校不得不大量重新选留新的思想政治工作教师来充实教师队伍。有相当一部分特别是中青年思想政治工作教师，对从事思想政治工作和学生工作缺乏应有的热情和坚定的思想基础。部分高校甚至没有制定政策以提高学生工作队伍素质，促进学生工作制度化、规范化。思想政治工作教师队伍以年轻人为主，年轻也就意味着缺乏经验，心态上也会相对浮躁，容易受现在社会上拜金主义和浮躁心理的影响，不能安心工作。一部分人更是因为就业的压力或者学校职称评定方面的一些规定而不得已为之，这就造成了一种现象，那就是多数学校和个人都把思想政治工作教师的工作看作是一个短期的职业，加之学校的制度方面，对思想政治工作教师职称评定、晋升缺乏较好的解决方案，使从事思想政治工作教师的工作得不到认同。

思想政治工作教师来自各个专业，所以他们的政治理论修养、知识广博性都不够，表现在工作上就是常常只能就事论事。思想政治工作教师的知识储备和人生阅历比起学生来往往不具备高势能优势，也就是说他们在这些方面知识的丰富程度还远远不够。随着信息时代的到来，知识更新的速度越来越快，创新往往就显得至关重要，可是高校思想政治工作教师没有时间学习新的知识，长期的事务性工作使他们缺少学习，长此以往他们会变得不再适应社会发展需要，知识陈旧、知识面狭窄的教师队伍根本无法承担起新时期的学生工作，因为学生工作者的优势已经远远落后于学生，在这种情况下，师生之间越来越缺乏可供交流的共同语言。

3. 教育观念

在教育理念上，高校思想政治教育者往往忽视了受教育者的个体需要和个人价值，他们更愿意强调社会需要和社会价值。这种现象往往不是为了满足大学生个人发展的需要，也不是为了使大学生个体价值得到实现，而是单纯地从党、国家和社会的角度出发，只是要为国家培养政治合格的接班人，或者只是为了维护安定、和谐的社会，这只会使高校与大学生对立起来，二者处于管理和被管理的局面，大学生的权益被忽视，大学生的个性和潜能得不到开发，大学生作为人的客观存在被否认和忽视。目前，我国高校的思想政治教育活动中仍然存在一些问题，这使高校思想政治教育的实效性受到影响，在活动中往往思想政治教育实践性的认识很缺乏，向大学生进行思想政治教育渗透的方式不恰当，极少会通过鼓励、支持的方式组织大学生参与校内外社会实践活动，这就导致了大学生不够自信。

高校存在一种普遍的现象，在办学模式与办学层次方面，不能根据经济、科技的发展，还有人才市场的需要以及社会产业结构发展形成各自特色，在专业设置、教学内容和教学方法方面，也并无二致，存在着很不合理的人才专业结构、层次结构和素质结构。大学教育是通过基础课、专业基础课、专业课的教学活动以及其他教育活动，按照专业门类来培养学生，使其适应职业需要，并且拥有基本的素质和能力的过程。这一过程是为了使学生拥有某种专业素养，从而适应某类或某种职业需要，使学生从某一个专业的逻辑起点，达到能够解决该专业一定问题的理论和技术修养水平。也就是说，职业的适应范围受到大学生所受的专业教育的直接制约。近年来，专业趋同现象严重，主要是由于就业环境发生了变化，许多高校毕业生对热门专业盲目追求，这就导致热门专业的需求比产出要少得多。再加上近几年来，受办学经济利益的驱使，高校对专业提出很多过分要求，想尽各种方法以迎合社会，而社会则认为学校可以培养企事业单位所需的各种人才，这就形成了一个“怪圈”，导致学校专业划分越来越细，越来越多的专业被重复设置，造成一些高校盲目开办所谓热门专业，不考虑自身的条件，也不考虑社会和用人单位对某些专门人才的要求是否合理。这与高等教育的客观规律是相悖的，不仅对社会和用人单位对专业人才的要求造成误导，还严重浪费了办学资源，影响了办学质量，同时使大学生就业面临更大的困难。①

当前高校的就业指导仅仅是学校就业指导中心的专业指导教师，并没有要求广大教师和各级领导积极参与，主要是学生管理系统教师队伍和专业指导课程教师对大学生就业进行了指导，但是这是远远不够的；再加上对就业指导的对象认识的局限，临近毕业才开始上就业指导课。不少高校混淆了就业指导和就业服务，以为就业指导的内容就是向学生发布就业信息，签合同时盖章和组织供需见面会等，真正的就业指导内容也仅限于一些就业咨询、几节就业指导课或者偶尔的就业讲座等。但事实上就业指导不仅包括为大学生提供就业信息指导，还包括为个体提供针对性的职业生涯设计和相关教育培训，教育和引导大学生的择业观、就业心理、就业观、成才观、择业技巧，等等。由此可见，就业指导是一项独立的系统性的工作内容，目前我们做得还远远不够。

4. 教育方法

思想政治教育方法，是实现思想政治教育预定目标、完成思想政治教育任务必须的，也是不可缺少的手段。一些学校采用硬性的灌输法来实施思想政治教育，只是为了完成教学任务，很少使用其他的方法，这种方法带有明显的强制性，部分逆反心理强的大学生会对此产生抵触情绪。应该使学生们积极地做出选择，而不是对指定榜样的盲目模仿、对各种道德灌输的被动接受和对既定的规范崇尚遵从，他们不仅是道德的承受者，更是道德的创造者和体现者。长期以来，高校思想政治教育工作者不善于做深入细致、有针对性的思想工作，而习惯于发号召、造声势；不善于形成集体舆论、文化氛围，使学生感受到熏陶，而习惯于通过管理手段来规范学生的行为，如批评、禁止等；不善于寓德育于人文、社会以及自然学科课程的教学之中，而习惯于不断增强政治理论课和思想品德课的门数、时数，仅仅通过课堂教学传授政治和道德知识。

① 胡卓君. 地方高校内部管理创新 [M]. 杭州：浙江大学出版社，2006.

（四）自身因素

对大学生素质的形成发展起着重要作用的是社会现实生活、家庭氛围、校园文化等方面，但这些方面必须要经过主体内化，简单的、一般性的输入根本承受不住外在刺激，外部影响与个体心理相互作用才是素质形成和发展的根本。大学生具有较强的自主性，他们有着道德选择能力，他们会根据时代和形势的需要，对业已认定的理想素质进行主动追求。自我意识、认识、人生观、交往意向、需要、动机、价值观等主体的心理因素都会对素质的形成和发展造成影响，其中最重要的是大学生的人生观和价值观。

对人的价值和人生的看法，不同的大学生有不同的见解，据调查，有半数以上的学生主动把个人利益与集体国家利益有机结合起来，提倡人的价值在于奉献。大学生不仅希望自己在社会的竞争中得到肯定，又希望社会能理解自身价值。在这种积极人生观的导向下，大学生不断完善自己，使自己的综合素质得到提高。但也应该看到，一些大学生良好素质的形成和发展也受到人生观和价值取向上的偏差的影响。以下三方面表现最为突出：

1. 学生心理承受能力差、自我控制能力弱

由于性格、年龄的特点，大学生有着很强的自我表现欲望和自信心，但很多学生没有很强的自我控制能力，心理承受能力也不强，具体表现在好冲动、遵纪守法的观念淡漠、容易被环境影响、意志薄弱。

2. 学习目的不明确，学习动力不足

一些学生在大学中并没有将学习作为最终目的，因而在游戏厅、网吧里消耗了大量的时间，放松了对自己的要求。

3. 缺乏良好的习惯，道德水准低下

虽然进入大学的学生智商普遍较高，但并不是人人都有很高的道德水准，在行为习惯方面也不是很好。况且环境和自身条件发生变化之后，人的行为和道德水准等也会发生变化。

从总体上看，大学生各方面的素质基本是相同的，但就个体而言，却又有一定的差异。造成这种差别的原因有很多，不仅包括社会、学校、家庭等方面的影响，还包括诸如学习自觉性、学习态度、对思想教育的接受程度等大学生个体因素。此外大学生素质的形成还受到个体的爱好、性格、习惯、兴趣、理想、追求

等因素的影响。如果大学生心理不健康，不知道什么是正确的追求，爱好、兴趣、性格习惯都不良好，没有理想，那么他就很难顺利地完成学业，难以成为对社会有用的人才，逐渐在学业和人生道路上迷失方向；如果大学生心理素质良好，有健康的爱好、兴趣、性格、习惯，有远大的理想，就会顺利地完成学业，逐步走上成才之路。许多科学家和伟人，他们的优良素质不仅仅是时势的造就，他们本身超于常人的意志品质、独特的思维方式、独特的心理素质和性格、不平凡的个人追求等都影响了他们优良素质的形成。因此，使学生培养良好的兴趣与习惯，对学生因材施教，矫正他们不正常的心理状态，帮助他们树立远大的理想，帮助他们树立科学的世界观、人生观，对于培养和提高学生的素质是不容忽视的关键问题。

人的素质形成的因素有很多方面，其中主要是受社会、学校教育、家庭、个体的努力方面的影响。只有营造一个良好的环境，使之有利于人才素质提高的环境，尤其要有利于青少年成长，才能使全民族的素质得到提高，造就一代高素质的人才。目前，在家庭教育方面存在一些需要纠正的误区，国家有关部门很重视让家长懂得如何教育孩子的问题。学校应加强学生的素质教育，目前教育部正在采取多方面措施，以求落实素质教育，各级各类学校已经在研究和探索有关问题，以培养学生素质教育与创新能力，并且取得了初步的成效。家长和学校也注意到了学生的个体情况，并设法从不同方面科学地引导学生。要想培养出高素质的具有创新能力的高层次人才，就要从多方面对学生施以作用和影响，从多角度加强对学生的素质教育，这样才能适应四化建设的需要，使我国国际竞争的实力得到增强。

第三节　辅导员推进学生素质全面发展的措施

一个人有什么样的思想，就有什么样的行为举止，因此，想要使高校辅导员能够更加有效地对学生进行指导，有效促进学生的全面发展，就需要辅导员用先进的思想来武装自己的头脑。作为一名辅导员，一定要注重自我充电，不断提高自身的综合素质。大学生是一个十分活跃的群体，不仅思想先进而且个性很强，因此教师要想对学生进行有效的指导就必须具有先进的理念。辅导员不仅要注重自我充电，学校也应该为辅导员提供更多自我充电的机会，定期组织辅导员接受新的思想，进而更好地完善辅导员的教学工作。

大学生的人生观和价值观尚未完全形成，在这个阶段，使他们认识到社会责任感是主要的任务，同时还要加强他们的社会责任意识。作为大学生的辅导员，要想有效地对学生开展各项工作，首先需要完善自身，做到“立人先立身，育人先育己”，树立好自身的形象，不断自我进步，认真工作，用心对待学生，在工作中找出大学生教育的内在规律性。

一、建立起平等的师生关系，关心、热爱每一位学生

辅导员潜移默化地影响着每一位学生，他们对学生的成长有着直接关系，辅导员做到“七心”到位，这“七心”具体指责任心、细心、爱心、恒心、热心、耐心、公心，一切为了学生服务，兢兢业业，同时要做到有情感的教育，以理服人，以情感人，因此，辅导员应该常常运用情感交流，对学生进行情感中的教育，达到“润物细无声”的效果。

二、打造良好的班风、学风

打造良好的班风、学风，首先要抓好学风建设的主线，辅导员在平时的日常工作中，要学会灵活运用教育示范、检查抽查、奖先罚后等手段，激发学生内在动力，加强学业过程管理，完善约束考评机制，营造良好的学习氛围，为学生的成长、成才保驾护航。

良好的班风和学风有利于学生的成长，不仅会对大学生的学习态度和成绩带来积极影响，还会对学生未来人格的形成起到良好的促进作用，辅导员对班风和学风的建设和构建起到引领作用，所以为了能够让学生在健康良好的环境中茁壮成长，辅导员要倾力打造一个努力上进、团结向上的集体。

三、培养学生良好的道德情操

大学生作为社会主义现代化建设的重要力量，其是否有高尚的思想道德情操能够直接影响到我国社会主义现代化建设的步伐。一个人只有有了高尚的思想道

德情操，才能为社会做出更大的贡献。当今社会物欲横流，处于认识世界关键时期的大学生很容易受到社会上不良风气的影响，因此，采取有效措施培养大学生高尚的思想道德情操十分必要且迫切。大学辅导员更要对学生的生活与学习进行有效的指导。辅导员应该积极地对学生进行思想方面的指引，使学生的道德情操得到不断的提升，使学生的世界观、人生观和价值观得以正确地形成，使学生德才兼备，成为一个综合型人才。

四、鼓励学生进行社会实践

对于大学生而言，他们现阶段已经掌握了大量的理论知识，但是目前大学生普遍存在的一个问题就是实践能力不够强。一个只有理论知识而没有实践能力的大学生，不能称之为全面发展的大学生。因此，作为辅导员，在积极鼓励学生学习理论知识的同时，还要鼓励学生积极实践，有意识地将理论知识与实际生活结合起来，提高学生对理论知识的应用能力。大学阶段学生应以专业知识的学习为主，学生如果不能将理论知识与实践有效结合起来，那么，就割断了依靠自身进行创新的道路。学生只有将理论与实践有效地结合起来，才能进行有效的创新活动。辅导员不仅要鼓励学生积极地将理论知识与实践结合起来，还要努力为学生创造更多进行实践的机会。

五、鼓励学生参加社团活动

大学为学生的发展提供了广阔的空间，其中能够使学生的管理能力与协调能力得到有效发展的一个重要途径就是社团活动。在社团里学生可以扮演不同的角色，其为每个学生都提供了锻炼的机会。我们要让学生明白参加社团活动的重要性，并鼓励学生积极地参加社团活动。经常留意招聘信息的辅导员可能会发现，不管是企业单位还是事业单位，都喜欢录用有学生干部经历的学生，有的单位明确提出要录用有班干部经历的学生，可见高校开展学生工作的重要性。鼓励学生积极地参加社团活动，不仅能够使学生的综合能力得到有效提升，也使得学生的大学生活变得更加丰富多彩。

六、培养学生各项能力

（一）自律能力

自律是一个人在思想上和行动上的高度自觉，一个成功的人，他必备的品质就是自律，这不仅是一种习惯，更是一种能力。辅导员要坚持培养学生的良好习惯，使其形成自律能力，有人说，21 天就能养成一个好习惯，形成的好习惯又会促进自律能力的养成，在学生的发展过程中，自律能力极其重要。

（二）学习能力

随着社会的发展和信息化时代的到来，知识和信息更新换代的速度越来越快，如果不会学习就会被社会所淘汰，并且在就业过程中失去竞争力，因此必须要让学生养成良好的学习习惯，使学生学习的兴趣与热情得到激发，保持学习的能力。

（三）创新能力

创新是社会发展的重要力量，只有推陈出新，才能为社会的发展提供动力，社会发展的成果都是创新的产物，国家未来的发展决定了人才必须要拥有改革创新的能力，而学生就要做到勇于改革创新，用超越的毅力和决心，掌握方法和技术，才能在现在的工作当中立于不败之地。

（四）合作能力

当代大学生欠缺的是与人合作的能力，他们的合作意识往往不强，但是在当今社会，这种合作能力是必备的，没有一个人是完美的，但是一个团队却有可能是完美的，辅导员老师需要让学生意识到合作的重要性，要引导大学生认识到个人与团队、合作与团队的关系，培养大学生团结合作的能力，这样不仅能够使其在合作中发挥一加一大于二的作用，还能够使学生终身受益。

参考文献

[1] 黄戈林，周姮，秦东方．高校辅导员思想政治教育话语特征、运行逻辑及优化进路 [J]．思想教育研究，2021（10）：145–149．

[2] 冯刚．持续推进高校辅导员队伍专业化职业化建设 [J]．高校辅导员，2020（03）：3–7．

[3] 耿品，彭庆红．新中国成立以来高校辅导员角色的发展演变 [J]．学校党建与思想教育，2020（03）：81–85．

[4] 李思雨．高校辅导员工作成效研究 [D]．重庆：西南大学，2018．

[5] 何登溢．高校辅导员职业发展研究 [D]．南京：南京师范大学，2016．

[6] 陈新星．高校辅导员开展大学生心理健康教育研究 [D]．福州：福建师范大学，2016．

[7] 何萌．高校辅导员核心能力建设问题研究 [D]．济南：山东大学，2016．

[8] 郑晓娜．高校辅导员职业化研究 [D]．沈阳：辽宁大学，2015．

[9] 韩泽春．基于高校辅导员专业化的教育知识管理研究 [D]．长春：东北师范大学，2015．

[10] 陈正芬．我国高校辅导员制度研究 [D]．重庆：西南大学，2013．

[11] 李忠艳，雒文虎，胡菊华．大学生心理健康教育课程建设的困境及突破 [J]．黑龙江高教研究，2021，39（12）：145–149．

[12] 杨艺旋．社会支持对大学生心理健康的影响研究 [D]．成都：四川省社会科学院，2021．

[13] 刘梦迪，薛玉琴．新时代大学生心理健康教育存在的问题及对策 [J]．辽宁教育行政学院学报，2021，38（01）：35–40．

[14] 王珠．我国大学生心理健康教育演变与展望 [J]．黑龙江高教研究，2020（12）：135–139．

[15] 罗晓路．大学生心理健康教育的现状与对策 [J]．教育研究，2018，39（01）：

112–118.
[16] 何正文，徐赛芬．论新时期高校辅导员工作的重要性 [J]．现代商贸工业，2022，43（08）：97–98.
[17] 翟彩宁，霍刚，左旭晨，等．思想政治教育对高校辅导员工作的启示研究 [J]．公关世界，2022（02）：108–109.
[18] 刘傲然．关注学生心理健康助力启航人生征程——高校辅导员工作案例分析 [J]．科幻画报，2021（11）：173–174.
[19] 陈巧巧，刘德胜，顾湘．大学生综合素质与能力培养体系的迭代完善 [J]．安顺学院学报，2021，23（04）：67–71.
[20] 邬小撑，陶安娜．学生获得感：高校辅导员工作创新的着力点 [J]．思想教育研究，2020（12）：136–140.
[21] 郑洁．大学生思想政治教育与高校辅导员工作方法创新 [J]．科教文汇（上旬刊），2020（07）：52–53.
[22] 李少荣．大学生综合素质评价制度的反思与创新 [J]．陕西理工大学学报（社会科学版），2019，37（02）：59–63.
[23] 汤顶华．大学生综合素质培养的误区与矫正 [J]．江苏高教，2018（10）：105–107.
[24] 李波．论新时代校园文化建设与大学生综合素质提升 [J]．商洛学院学报，2018，32（03）：76–82.
[25] 王祥全．我国大学生人口身体素质研究 [D]．长春：吉林大学，2018.
[26] 王晓峰，王祥全．大学生人口身体素质变动及其问题成因分析 [J]．人口学刊，2018，40（02）：86–95.
[27] 王宁．身体功能训练对大学生身体素质影响的实验研究 [D]．太原：山西师范大学，2016.
[28] 黄珊珊．素质教育背景下高校辅导员工作的项目化管理应用 [D]．武汉：武汉工程大学，2015.
[29] 赵春莉．高校辅导员开展思想政治教育工作创新研究 [D]．长春：吉林大学，2014.
[30] 吴维娜．我国当代大学生综合素质培养研究 [D]．大连：大连海事大学，2012.